ЦЕНТР МІСЬКОЇ ІСТОРІЇ ЦЕНТРАЛЬНО-СХІДНОЇ ЄВРОПИ
CENTER FOR URBAN HISTORY OF EAST CENTRAL EUROPE

ERSTE Stiftung

Видання здійснене за підтримки Фундації Erste
This publication was made possible with the support of the Erste Foundation

CENTURY OF CHANGE

ДІМ home

СТОЛІТТЯ ЗМІН

CENTURY OF CHANGE
ДІМhome
СТОЛІТТЯ ЗМІН

Сьогодні будь-який книжковий магазин пропонує широкий вибір ґлянцевих журналів з назвами на кшталт "Наш дім", "Дім і дизайн", "Будинок і сад" і т.д. Якщо розглянути ці видання не з погляду потенційного споживача, а під аналітичним кутом, то можна багато довідатися про культуру і суспільство, бо на їх сторінках знайдемо чимало щедро ілюстрованих розповідей про цінності і сенси сучасного світу. У статтях цих видань чимало порад щодо функціональних пріоритетів, естетичних вподобань, гендерних ролей і технологій. Ґлянцеві журнали, присвячені облаштуванню й естетиці дому, активно стимулюють уяву споживача, культивуючи прагнення до створення суто індивідуального простору, в якому "будинок мрії" може стати реальністю. У світі глобалізованої мобільності "дім", більше ніж будь-коли, стає інтимним простором спокою й усамітнення від бурхливої повсякденності.

Домашній простір, як і будь-який інший культурний продукт людської цивілізації, постійно переглядається і набуває нових форм під впливом історичних змін. Приватність і домашність – це відкриття буржуазної епохи, зокрема культури нового міського середнього класу, що сформувався у XIX столітті. Натомість XX століття вже поставило під сумнів ліберальний проект будівництва суспільства на основі поділу між приватною і суспільною сферами. "Епоха ідеологій", як називають минуле століття, виробила не лише величезне розмаїття стилів дизайну інтер'єру, але також низку теоретичних побудов і політичних практик, пов'язаних з житлом і домашнім життям. Найпотужніший вплив тут справила модернізація держави, яка зробила житло одним із найважливіших інструментів соціальної політики. Це однаковою мірою характерно для західного типу соціальної держави і для соціалістичних країн у східній частині континенту. По обидва боки "залізної завіси" поліпшення житлових умов було важливим способом забезпечення лояльності щодо відповідної ідеології та політичної системи.

Поліпшення житлових умов у XX столітті пов'язане насамперед з колосальним технічним прогресом в різних сферах людської діяльності. Вся інфраструктура міста зазнала модернізації з метою поліпшення санітарного стану та встановлення нових систем енергозабезпечення. Фундаментальні винаходи початку XIX століття втілилися в технічні приклади, які в другій половині цього ж століття увійшли в помешкання європейського середнього класу. Зростання комфорту й ефективності посилювало процеси соціальної трансформації коштом послаблення традиційних ролей в одній із найважливіших сфер – сім'ї. Останній етап технологічної інновації розпочався в 1990-х роках із цифровою революцією, яка, як і електрифікація перших десятиліть

XX століття, принципово змінює спосіб, у який ми облаштовуємо й використовуємо наше помешкання. Як завжди, доступ до інновацій не розподіляється порівну. Те, як люди живуть, завжди було, є і буде показником їхнього становища в суспільстві. Попри щедрі обіцянки ґлянцевих журналів, доступність комфортного та безпечного житла гарантована зовсім не кожному. А у період складних економічних криз ця проблема надалі залишається політичною.

Центр міської історії Центрально-Східної Європи поставив перед собою завдання представити складну тему "Дім – століття змін" у формі виставки, що експонувалася у нашій виставковій залі від жовтня 2011 до травня 2012 року. Ця публікація підсумовує наші зусилля. Його зміст відповідає структурній концепції виставки, що складалася з двох частин. Перша частина була присвячена загальним аспектам, таким як модернізація, дизайн, житлова політика, утопії і майбутні форми життя. Для висвітлення історичного і теоретичного тла тут активно використовувалися відео- й аудіопристрої. У другій частині візуалізовано п'ять основних функціональних блоків сучасного житла. Супровідні тексти інтерпретували кожен із цих блоків під оглядом основних соціальних і культурних аспектів: коридор (публічний/приватний простір), вітальня (комфорт), кухня (гендер), ванна кімната (гігієна) і спальня (інтимність). У другій частині також було представлено низку домашніх приладів, від телевізора до порохотяга, аби полегшити відвідувачам розуміння того, як упродовж XX століття змінювалася функціональність і естетика нашого домашнього простору.

Центр міської історії висловлює щиру подяку віденській фундації Erste за підтримку виставки і цього видання. Сподіваємося, що ця публікація буде цікавою широкому колу читачів та сприятиме поглибленню розуміння того, як історія формувала і продовжує формувати культурний простір, який ми вважаємо нашим домом.

Any major bookshop today offers a substantial selection of glossy magazines with titles such as "Better Home", "Home & Design", "Homes and Gardens" etc. Browsing through these periodicals not with the eye of a potential consumer, but from an analytical perspective we can learn a great deal about culture and society. They tell richly illustrated stories about values and meanings in our contemporary world. For example, their images and articles suggest various functional priorities, aesthetic preferences, gender roles and levels of technology. Above all, these glossy magazines make a strong appeal to the consumer's imagination by cultivating the desire to create a highly individual sphere where one's "Dream Home" can become reality. In a world of globalized mobility "Home" seems to represent, now more than ever, an intimate space of peaceful seclusion from the turbulence of the everyday.

Domestic space, just like any other cultural product of human civilization, is constantly being redefined and reshaped by larger processes of historical transformation. Privacy and domesticity are themselves discoveries of the bourgeois age and specifically of the new urban middle-class culture of the 19th century. The 20th century questioned the liberal project of building society on the principle of division between the private and the public spheres. Termed the "Age of Ideologies," the 20th century produced not only an abundantly rich variety of styles of interior design, but also a number of theoretical constructs and political practices relating to housing and domesticity. The most powerful intervening force was the modernizing state, which made housing one of its most important instruments of social policy. This was equally true for the Western-type welfare state as for the socialist states in the Eastern part of the continent. On both sides of the Iron Curtain improvement of housing conditions proved an important means of acquiring loyalty to the respective ideology and political system.

The improvement of housing conditions in the 20th century resulted primarily from massive technological progress in multiple spheres. Entire infrastructures of cities were modernized in order to improve sanitary conditions and install new systems of energy supply. The fundamental inventions of the early 19th century were turned into technical devices that by the second half of the century entered the average European household. Increased comfort and efficiency reinforced ongoing transformative processes in overall social development by loosening traditional roles in one of the core spaces of human interaction, the domestic sphere. The latest phase of technological innovation began in the 1990s with the digital revolution, which, just like electrification in the earlier decades of the century, is today fundamentally transforming the way we organize and use our homes. As always, access to innovation is not distributed equally. The way people live in their homes has always been and will always be an indicator of their position in society. Despite all the promises of the above-mentioned glossy magazines a comfortable and safe home is still far from being a guarantee. On the contrary, housing in the age of multiple economic crises has remained a political issue of primary importance.

The Center for Urban History of East Central Europe set itself the task of tackling the complex topic of "Home: A Century of Change" in an exhibition that was on display in its premises in Lviv between October 2011 and May 2012. The present publication is the result of this endeavor. Its content follows the structural concept of the exhibition consisting of two parts: the first part was dedicated to general aspects of the topic, such as modernization, design, housing policy, utopias and future forms of living. In this section ample use was made of video and audio devices to explain historical and theoretical backgrounds. The second section visualized five basic functional units of the home. In the accompanying texts each of these units was interpreted in its relation to a certain essential social and cultural aspect: the corridor (public/private), the living room (comfort), the kitchen (gender), the bathroom (hygiene) and the bedroom (intimacy). A number of historical domestic devices –from the TV set to the vacuum cleaner – were included in this second part of the exhibition in order to give the visitor an intuitive visual understanding of how the 20th century changed the functionalities and aesthetics of our domestic worlds.

The Center for Urban History would like to express its sincere gratitude to the Erste Foundation in Vienna for supporting both the exhibition and this publication. We hope and believe that this publication will reach a broader audience and contribute to a deeper understanding of how history has shaped and continues to shape the cultural spaces that we call our homes.

ПОЛІТИКА І ЖИТЛО

POLITICS OF HOUSING

ПОЛІТИКА І ЖИТЛО

POLITICS OF HOUSING

Будь-який дім починається з будівництва. Зведення будинків – це не лише питання будівельних технологій та уявлень про те, як має виглядати "дах над головою". Пропонуючи той чи інший тип житла, суспільство намагається також втілити свої уявлення про те, що таке людина загалом.

Процеси модернізації, розбудова індустрії та швидка урбанізація у XIX столітті активізували все суспільство. Новий модерний світогляд ставив під сумнів традиції, однак не давав чітких відповідей на старі та нові запитання. Саме тоді сформувалися основні ідеологічні течії нашого часу - лібералізм, соціалізм та націоналізм.. Кожен з них по-своєму обіцяв розв'язати посталі проблеми. Тож модернізаційні зміни, зрештою, перетворили Європу на справжнє поле битви ідеологій та політики.

Одним із найболючіших питань була глибока житлова криза. Економічний та суспільний розвиток приваблював у міста дедалі більше людей, а належного житла та інфраструктури катастрофічно бракувало. При цьому міський простір сприймався не як причина проблеми, але як частина її вирішення. Невипадково поняття "містопланування" з'явилося саме в середині XIX століття. Архітектори та урбаністи поряд із представниками влади стали ключовими діячами суспільних трансформацій. Натхненні філософськими, науковими чи релігійними ідеями своєї епохи, вони намагалися дати відповідь на запитання – як облаштувати життя модерної людини? Їхні ідеї, рішення та дії сформували міста, вулиці, будинки, квартири, в яких ми живемо сьогодні.

Багато важливих проблем, які з'явилися у XIX столітті, турбують нас і тепер. На історію житлобудівництва XX сторіччя ми можемо дивитися як на серію масштабних спроб та експериментів, що закладали фундаменти для подальших дій. А сучасні типи помешкань можна назвати перехідним результатом – компромісом між утопічними цілями та жорсткими реаліями.

Any house begins with construction. The construction of buildings is not merely a question of technology and ideas about what "a roof over your head" is supposed to look like. By proposing one kind of dwelling or another, society also attempts to embody its ideas of what it means to be human.

Modernizing processes, industrialization and rapid urbanization in the nineteenth century set all of society in motion. The new, modern worldview questioned tradition, but provided no clear answers. This is when the chief ideological trends of our time - liberalism, socialism, and nationalism - formed. Each of these movements promised its own answers to new challenges. Thus, modernizing change eventually turned Europe into a battlefield of ideology and policy.

One of the most sensitive issues was the deep housing crisis. Economic and social development attracted ever greater numbers of people into the cities. At the same time, appropriate housing and infrastructure was catastrophically lacking. City space was seen not as the cause of the problem, but as part of the solution. It is no coincidence that the concept of "urban planning" emerged in the mid-nineteenth century. Together with political authorities, both architects and planners became key agents of social transformation. Inspired by key philosophical, scientific or religious ideas of the day, they attempted to answer the question of how to arrange the life of a modern person. Their ideas, solutions and actions contributed to forming the cities, streets, houses, and apartments we inhabit today.

Many of the important problems whose origins date back to the nineteenth century still concern us today. The history of residential construction in the twentieth century can be seen as a series of large-scale experiments providing the basis for further action. Contemporary dwellings can be seen as an intermediate result – a compromise between utopian goals and hard reality.

Вулиці Парижа, фото 1890-х років
Streets of Paris, 1890s

Вже у XIX столітті процеси модернізації стали причиною радикальних змін у країнах Європи та Північної Америки і вплинули на життя майже у всьому світі. Принципові зміни зачепили як місто в цілому, так і простір окремих домівок. Флагманами нових віянь стали "метрополії" – європейські столиці та інші великі міста, в яких концентрувалися усі наслідки інтенсивної урбанізації, як позитивні – прогрес, культура, розваги, так і негативні – перенаселення, антисанітарія, експлуатація. Небажані процеси вимагали втручання влади та створення нового бачення міста.

Першим полігоном великих трансформацій став Париж. У 1853 році проект "регуляції" столиці розпочав префект міста барон Осман. Внаслідок "османізації" місто отримало широкі бульвари з новими житловими, громадськими та державними будівлями, кілометри водогону, каналізації та газогону і такі звичні сьогодні об'єкти як тротуари, вуличні лампи, кіоски та лавки. Приклад Парижа переймали й інші міста світу.

By the nineteenth century, modernizing processes had already brought about radical change in Europe and North America, and influenced people's lives almost the world over. Crucial changes touched both the city as a whole, and the spaces of separate abodes. Harbingers of these new developments were the metropolises: European capitals and other large cities, where one could see all the effects of intensive urbanization, both positive (progress, culture, entertainment), and negative (overpopulation, unsanitary living conditions, exploitation) concentrated in one place. The harmful effects of urbanization demanded intervention from the authorities, and the creation of a new vision for the city.

Paris was to become the first testing ground of great transformations. In 1853 Prefect Baron Haussmann started the project of the capital's "regularization". As a result of "Haussmannization," the city was transformed by wide boulevards with new residential, public, and state buildings, kilometers of pipes for water, sewage, and gas, as well as such thoroughly familiar objects as sidewalks, streetlamps, kiosks, and benches. Other cities followed Paris' example.

Каміль Піссаро. Бульвар Монмартр (1897)
Camille Pissaro. Boulevard Montmartre in Paris (1897)

Модернізація Львова

Навіть не надто великі міста, як, приміром, Львів (знаний тоді також як Lwów та Lemberg), Краків, Вільнюс чи Мінськ, розвивалися так само швидко, як і столиці. Від 1857 до 1900 року населення Львова збільшилося вдвічі і нараховувало 160 тис. осіб. Місцева влада, орієнтуючись на Відень, також оновлювала обличчя та інфраструктуру міста. У 1858 році на вулицях Львова засвітили газові ліхтарі. 1883 року – започатковано міський телефонний зв'язок. 1897-го розпочато будову сучасної каналізаційної системи. У 1894 році львівськими вулицями почав їздити електричний трамвай. А двадцяте століття львів'яни зустріли запуском міської електростанції. Водночас, новий водогін спрямував до Львова джерельну воду з навколишніх сіл.

The Modernization of Lviv

Even smaller cities like Lviv (known also as Lwów and Lemberg), Cracow, Vilnius, or Minsk developed as quickly as state capitals. Between 1857 and 1900 the population of Lviv increased twofold, reaching 160 thousand people. With an eye to Vienna, the local authorities renovated the look and the infrastructure of the city. Gas lamps were introduced in Lviv's streets in 1858. Telephone connections within the city began operating in 1883. Construction of a modern sewage system began in 1897. The electric trolley began running in 1894, and the twentieth century was inaugurated with the start of a municipal power plant. At the same time, a new aqueduct directed water from nearby villages into the city.

Париж. Фото Шарля Марвіля (1877)
Paris. Photo by Charles Marville (1877)

Модернізація Львова. Modernization of Lviv

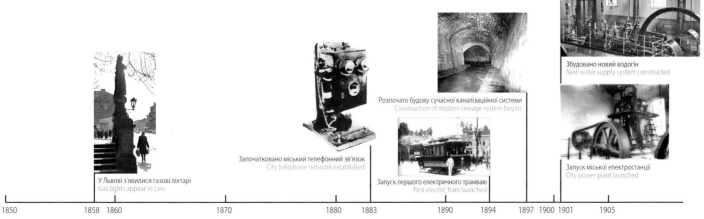

Збудовано новий водогін
New water supply system constructed

Розпочато будову сучасної каналізаційної системи
Construction of modern sewage system begins

У Львові з'явилися газові ліхтарі
Gas lights appear in Lviv

Започатковано міський телефонний зв'язок
City telephone network established

Запуск першого електричного трамваю
First electric tram launched

Запуск міської електростанції
City power plant launched

1850 1858 1860 1870 1880 1883 1890 1894 1897 1900 1901 1905

"ДОМАШНЯ ІДЕОЛОГІЯ"

"DOMESTIC IDEOLOGY"

Напротивагу до містопланування, житлове будівництво перебувало виключно у приватній ініціативі і регулювалося ринковими механізмами. Поширеним типом житла у модернізованому місті став прибутковий будинок. Знаний ще як чиншова кам'яниця, він був прямим нащадком класичної бюргерської кам'яниці. Тут помешкання здавали в оренду. В умовах нагальної потреби в житлі та стрімкого зростання цін на землю такий тип помешкання виявився найбільш ефективним.

У XIX ст. зразком міської квартири нового типу стало помешкання представників середнього класу. На відміну від консервативної аристократії та бідноти, буржуазія мала і кошти, і бажання модернізувати свої житла. Нова "домашня ідеологія" спочатку була сформульована в середовищі англійських міщан, які надавали перевагу проживанню в окремих будинках. Згодом ця ідеологія поширилася по всій Європі і достосувалася до багатоквартирних кам'яниць.

In contrast with urban planning, residential construction lay in the hands of private enterpreneurs and was regulated by market mechanisms. The rental building became the most widespread type of residence in the modernized city. This was the direct descendant of the classic bourgeois building. Apartments here were rented out. Under pressing demand for living quarters, and sharp increases in land prices, this type of housing proved to be the most efficient.

In the nineteenth century this new type of city apartment became the residence of the middle-class. Unlike the conservative aristocracy and the poor, the bourgeoisie had both the means and the desire to modernize their dwellings. The new "domestic ideology" was first formulated among English urban residents, who preferred living in separate houses. However, this fashion soon spread all over Europe, and was adapted to multi-apartment buildings.

"THERE IS NO PLACE LIKE HOME."

Малюнок з часопису "Punch" (1849)

"Найкраще місце – дім": принципове розмежування приватного та публічного просторів.

Richard Doyle's illustration in Punch (1849)

"There is no place like home" – the fundamental separation of private and public space.

Отто Кірберг. Повернення додому
Поняття дому охоплює лише найближчих членів сім'ї. Домашнє життя окреслюється виключно внутрішніми сімейними справами.

Otto Kirberg. Returning Home
The image of home began to include only the closest family members. Genuine domestic life was defined exclusively by internal family matters.

Класичний англійський дім на одну родину – найповніше втілення принципу приватності, доступного для заможніших міщан. Задля максимальної відокремленості кожна кімната мала вихід у коридор, а для слуг була передбачена паралельна система прихованих дверей та проходів. Приміщення, в які могли заходити гості, були відокремлені від приватних покоїв. Інше нововведення британців – раціональний поділ простору на велику кількість кімнат згідно з різними функціями: вітальня, їдальня, спальня, кабінет, кухня.

The classic English one-family home is the most complete embodiment of the principle of privacy, which wealthier urban dwellers could afford. To achieve maximum isolation, each room had access onto the corridor, while a parallel system of hidden doors and passages was in place for the use of servants. Rooms that were accessible for guests were separated from private chambers. Another British innovation was the rational division of space into numerous rooms, each according to function – the living room, the dining hall, the bedroom, the study, the kitchen.

"ДОМАШНЯ ІДЕОЛОГІЯ"

"DOMESTIC IDEOLOGY"

План житлової кам'яниці початку XX ст., Львів, вул. О. Нижанківського (колишня вул. Бурляра)

Plan of apartment house - first decade of 20th century, Lviv, O. Nyzhankivskyi St. (former Bourlard St.)

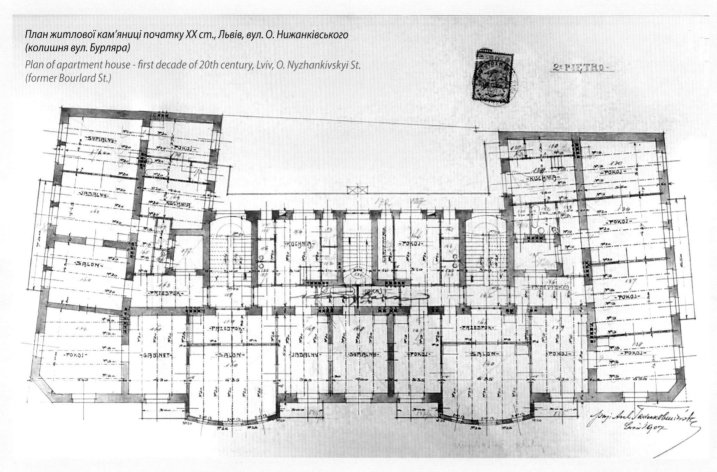

Континентальний варіант помешкання більше націлювався не на приватність, а на комфорт. Тому апартаменти паризьких кам'яниць у XIX столітті небезпідставно зажили слави найбільш зручних для життя. Затишок тут поєднувався зі швидким впровадження нових технологій – водогону, електрики, телефону та ліфта. Чим далі на схід, тим менше уваги приділялося приватності. Скажімо, у віденських прибуткових будинках найбільше цінувалася здатність помешкання гідно представити своїх господарів. Головними кімнатами були салон чи вітальня, а приватні приміщення залишали поза увагою і були занедбаними. Часто у господарів навіть не було окремої спальні.

The continental variation of an apartment was geared more towards comfort, than privacy. For this reason, apartments in French houses in the nineteenth century earned the reputation of the most comfortable for living. Here, coziness went hand in hand with the rapid introduction of technological innovations, such as water pipes, electricity, the telephone, and the elevator. The further east one lived, the less attention was paid to privacy. Residents of buildings in Vienna most valued the ability of their homes to properly represent their income level and status. The most important chambers were the salon or the living room. Private rooms were neglected. Frequently, owners did not even have a separate bedroom.

Модернізація метрополій "à la Париж" не вирішувала всіх проблем. Нова організація міського простору розділила місто на дві частини. З'явився багатий, бізнесовий центр із банками, магазинами та готелями, трохи далі розташувалися приватні вілли. На окраїнах, де були фабрики і заводи, жили бідні. Переваги нового міського простору відчули лише представники вищих та середніх класів. Натомість для робітників ситуація якщо й змінювалася, то часто на гірше. Внаслідок "регуляції" бідняків переселяли з оновленої центральної частини на околиці, де утворилися нові нетрі.

Modernization of metropolises "à la Paris" did not resolve all problems. The new organization of urban space divided the city into two parts. A wealthy business center arose, with banks, shops and hotels. At some distance from this were private villas. The city's outskirts with factories became the home of the poor. The advantages of the new organization of the urban space were felt only among the upper and middle classes. At the same time, if workers saw any change at all, it was frequently to the worse. "Regularization" forced the poor from the renovated central part of the city to the suburbs, where new slums arose.

Ґустав Доре.
Над Лондоном вздовж
залізниці (1872)

Gustave Doré.
Over London by rail (1872)

ЖИТЛО ДЛЯ БІДНИХ

HOUSING FOR THE POOR

Зображення "Соціального палацу" Шарля Фур'є
Perspective view of Charles Fourier's Phalanstère

Надзвичайно погані умови проживання найбідніших мешканців міста не могли не привертати увагу еліти. В Англії вже на початку XIX ст. зародилася ідея соціального житла для робітників. Згодом, у середовищі підприємців-філантропів стали популярними утопічні ідеї таких мислителів як Шарль Фур'є чи Сен-Сімон. Широкого розповсюдження набули і більш практичні кооперативи – асоціації робітників, які намагалися разом вирішити свої житлові проблеми. Наприклад, у Німеччині в середині XIX ст. кооперативне будівництво домінувало серед незаможних верств населення.

Інший важливий крок у покращенні умов робітників – привернення уваги громадськості до санітарно-гігієнічних проблем індустріального міста. Англійський політик-реформатор Едвін Чедвік, дослідивши помешкання бідняків, зробив висновок: існує чітка залежність між життям в антисанітарних умовах, хворобами та бідністю.

The atrocious living conditions of the poorest residents of the city could not fail to attract the elite attention. The idea of "social" housing for workers arose in England as early as in the beginning of the 1800s. Later on the utopian ideas of thinkers like Charles Fourier and Henri de Saint-Simon became popular in enterpreneurial and philanthropic circles. Equally widespread were the more practical cooperatives – associations

of workers trying to solve their housing problems together. Thus, in mid-nineteenth century Germany, cooperative construction dominated among the economically disadvantaged strata of society.

Raising public awareness about the sanitary and hygiene-related problems of an industrial city proved another important step in the improvement of workers' living conditions. Having studied the houses of the poor, the English reformist politician Edwin Chadwick concluded that there was a clear correlation between unsanitary living conditions, illness, and poverty.

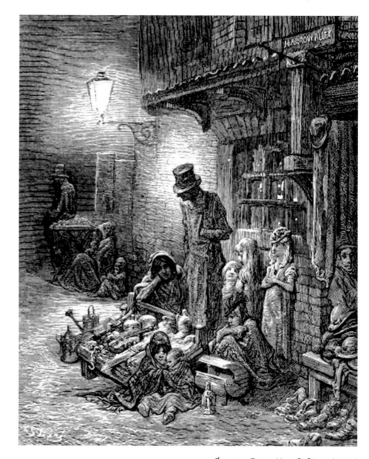

Ґустав Доре. Хаундсдітч (1872)
Gustave Doré. Houndsditch (1872)

*Малюнок з журналу
"Панч" (1849)*
Illustration in "Punch" (1849)

Відсутність каналізації, водогону та перенаселеність у нетрях великих міст сприяли розповсюдженню всіляких хвороб. Однак, влада та громадськість визнали небезпеку антисанітарії в бідних кварталах лише після епідемії холери, яка прокотилася Європою у тридцятих роках позаминулого століття. Згідно з тогочасними уявленнями, заразні хвороби поширювалися через "погані випари", що йшли з вигрібних та помийних ям, а також із задушливих приміщень бідних районів. Такі уявлення та страх серед заможних мешканців сприяли появі численних санітарних ініціатив. На фоні такої стурбованості та страху британцю Едвіну Чедвіку після багатьох років вдалося переконати уряд у тому, що турбота про умови проживання робітників вигідна усьому суспільству. В закон про опіку над бідними таки внесли зміни – вперше з 1601 року. Згідно з поправками були створені спеціальні комісії, які інспектували робітничі помешкання.

The absence of sewage systems, water pipes, and overpopulated city slums were fertile ground for spreading all kinds of diseases. However, it was only after a cholera outbreak ravaged Europe in the 1830s that the authorities and the public recognized the danger of unsanitary living conditions in the slums. The contemporary belief that infection spread through the "bad vapors" emanating (in the cities) from the sewage pits and the stuffy rooms of the poorer districts, as well as the fears of the wealthier residents, brought about the emergence of numerous sanitary initiatives. Against the backdrop of these concerns and fears, Edwin Chadwick managed after many years to convince the government that providing decent living conditions for workers was in the interest of all of society. Changes to the poor law were finally enacted for the first time since 1601. Special committees, charged with inspecting workers' living quarters, were formed in accordance with these amendments.

ЖИТЛО ДЛЯ БІДНИХ

HOUSING FOR THE POOR

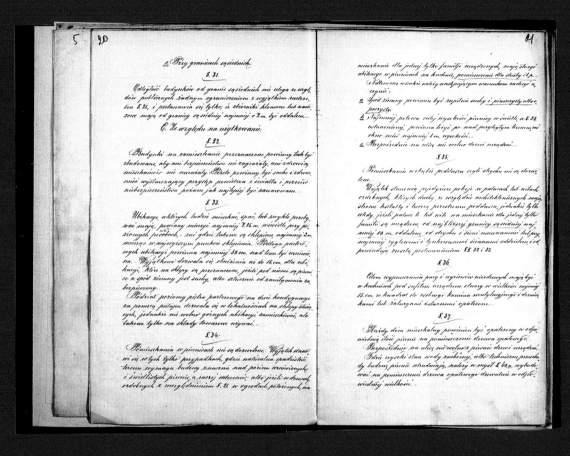

У Львові перший будівельний статут, який, зокрема, повинен був встановлювати мінімальні житлові стандарти, прийняли у 1877 році.

In Lviv, the "Regulations for Construction," which, among other things, were to establish the minimal housing standards, got approved in 1877.

До початку XX століття влада лише заохочувала приватних забудовників спеціальними державними позиками чи звільненням від податків. Численні благодійні ініціативи, втім, показали, що окремими діями складно змінити ситуацію загалом. Так чи інакше, для багатьох активне втручання держави залишалося єдиною надією. Переваги та небезпеки державної допомоги були продемонстровані вже упродовж XX століття.

Prior to the early twentieth century, the government merely encouraged private builders by means of special state loans or tax exemptions. However, numerous charity initiatives showed that isolated actions contributed little to changing the general situation. Many advocated a different solution: the active participation of the state. The advantages and drawbacks of this solution were amply demonstrated by the twentieth century itself.

"Зразкові будинки"

Прикладом співпраці держави та приватного капіталу у цій сфері стали так звані "зразкові будинки" – як їх називали в Англії. Ідея полягала в тому, щоб будувати помешкання з дотриманням санітарних вимог, однак за цінами, прийнятними для робітників. Доступність житла досягалася "дешевими" кредитами, які, втім, потрібно було повертати. Таке будівництво отримало іронічну назву "п'ятивідсоткова філантропія".

"Model houses"

The most widespread example of cooperation between the state and private capital in the housing sphere were "model houses," as they were known in England. The idea was to construct housing in keeping with sanitary demands, but at prices that would be acceptable for workers. The affordability of these houses was achieved with "cheap" credit, which, of course, still had to be paid back. This kind of construction was known under the ironic name of "five-percent philanthropy."

"Зразковий" будинок для бідних родин у Лондоні у XIX ст.
"Model house" for poor families in London in the 19th century

23

ЖИТЛО У КРИЗІ

HOUSING IN CRISIS

Після Першої світової війни Європа переживала новий політичний поділ і подолання соціальних проблем було тісно пов'язане з конкуренцією різних ідеологій, які прагнули довести свою виняткову успішність. Кожен політичний режим мав власну соціальну програму, яка базувалася на спільних модерних основах – функціоналізації та раціоналізації. Як рішення, так і самі суспільні проблеми, зокрема й житлова криза, були частиною модернізаційних процесів. Однак, попри усі намагання та лозунги, значна частина населення в Європі та СРСР залишалася позбавленою достойного помешкання. Адже реальна політика ставила перед собою зовсім інші пріоритети, незважаючи на офіційні запевнення у важливості соціальних стандартів.

After the First World War Europe was undergoing new ideological divisions, and overcoming social problems was intimately linked to the competition between various ideologies, all trying to prove their exclusive value. Each political regime had its own social program, based on the common modern principles of functionalization and rationalization. Like the solutions meant to resolve them, the social problems, including the housing crisis, were part of modernization processes. Although raising social standards was proclaimed as the most important priority, Realpolitik frequently dictated a different policy. Despite all attempts and slogans, a significant portion of the population, both in Western Europe and in the USSR, remained without decent housing. Since Realpolitik frequently followed other priorities (despite official assurances), providing housing for citizens was dependent on ideological premises, which usually brought about opposite results.

Демонстрація у Будапешті наприкінці Першої світової війни. Фото Сесіль Тормай (1918)

Demonstration in Budapest towards the end of the First World War. Photo by Cecile Tormay (1918)

Важкі 1920-ті роки. Черга до крамниці. Німеччина

Tuff 1920s. Lining up outside a store. Germany

Намагання забезпечити базові потреби населення в міжвоєнний період втілювалося на тлі запеклої боротьби масових політичних ідеологій. Найголовнішими з них були соціалізм, лібералізм та націонал-соціалізм.

Забезпечення громадян житлом повністю залежало від ідеологічних установок, що загалом призводило до протилежних результатів. Водночас міжвоєнні роки були періодом інтенсивних пошуків варіантів того, як вирішити суспільні проблеми. Багато ідей, висловлених та випробуваних тоді, дали свої позитивні наслідки згодом – після Другої світової війни.

Першу половину XX століття можна назвати своєрідною лабораторією сучасного підходу до міста. А ціною пошуків, що часто відбувалися у формі соціальних експериментів, були тисячі знищених людських життів.

Attempts to provide for the basic needs of the population in the interwar period took place against the backdrop of struggles between mass political ideologies. The most important among these were socialism, liberalism, and national socialism.

At the same time, the interwar years were a period of intensive search for solutions to social problems. Many ideas, expressed and attempted in the 1920s and 1930s, bore positive fruit later after the Second World War.

The first half of the twentieth century could be seen as a sort of laboratory, testing contemporary approaches to urban planning. The price of this search, which frequently took on the form of social experiments, was unfortunately thousands of human lives destroyed.

У ПОШУКУ ЖИТЛА

IN SEARCH OF HOUSING

Нові горизонти у житловому питанні відкрилися з розпадом імперій та появою національних держав, де джерелом влади став "народ". Розширення політичних прав та свобод, залучення до політики широких мас, зростання грамотності населення вимагали утворення цілком нових відносин між владою та громадянами. Перша світова війна призвела до ще більшого зубожіння населення, яке, щоб вижити, покладалося на допомогу держави. Соціальні проблеми, помножені на ефекти війни, стали причиною появи радянської держави на місці Російської імперії. Радикальні зміни, запроваджені більшовиками та масові демонстрації у Відні, Будапешті, Берліні навели великий страх на еліти європейських країн.

 Задля збереження суспільного консенсусу та недопущення революції влада вдалася до активного поширення ідей "соціальної держави", яка повинна була забезпечити базові потреби громадян та протистояти "соціалістичній державі". Найгострішими проблемами були житло та їжа. У перші повоєнні роки майже всі європейські уряди встановили суворий контроль над цінами за оренду помешкань, аби хоч трохи полегшити кризову ситуацію. Різноманітними субсидіями влада стимулювала забудовників створювати недороге "соціальне" житло, а деколи і безпосередньо фінансувала такі проекти. Якщо у Радянському Союзі розподіл житла монополізувався державою і став товаром, яким нагороджували лояльних громадян, то довготривалою метою для інших держав було заохочення громадян ставати приватними домовласниками. В обох випадках житло трактувалося і як вирішення соціальної проблеми, і як спосіб виховання лояльності до чинної політичної влади.

The collapse of empires, and the emergence of national states with "the people" as the source of government, opened new horizons for housing. Increased political rights and liberties, the engagement of the masses into politics, and rising literacy demanded the creation of a completely new set of relations between the government and its citizens. The First World War brought on even greater poverty among the population, now reliant on the state for survival. The already existing social problems, multiplied by the effects of the war, brought about the emergence of the Soviet state in place of the Russian Empire. Radical changes introduced by the Bolsheviks, and mass demonstrations in Vienna, Budapest, and Berlin, instilled fear in European elites.

 To preserve social consensus and forestall revolution, governments began to actively propagate the idea of the "social state," which was supposed to provide for citizens' basic needs and resist the "socialist state." Housing and food were the most pressing problems. Almost all European goverments established stringent controls over the price of rent in the first postwar years, in order to relieve the crisis. Through various subsidies governments encouraged builders to create affordable "social" housing, and even went so far as to occasionally finance such projects directly. Whereas in the Soviet Union the state monopolized distribution of housing, which was seen as a commodity used to reward citizens, other states attempted in the long run to encourage their citizens to become private homeowners. In both cases, housing was treated both as a solution to a social problem, and as a way to foster loyalty to the political authorities.

"Біле місто" або "швейцарська дільниця" (1929-1931). Один з проектів соціального житла у Берліні періоду Ваймарської республіки, здійснений під керівництвом будівельного радника Мартіна Вагнера.
Архітектори: Бруно Арендс, Вільгельм Бюнінг, Отто Рудольф Салвісберг

"White City" or "Swiss Quarter" (Weiße Stadt / Schweizer Viertel), 1929-1931. One of several social housing projects in Weimar Berlin completed under the supervision of the building commissioner Martin Wagner.
Architects: Bruno Ahrends, Wilhelm Büning, Otto Rudolf Salvisberg

"КВАРТИРНЕ ПИТАННЯ" У СРСР

THE "HOUSING QUESTION" IN THE USSR

…повідомляю усім, хто проживає у Берліні, Парижі, Лондоні та інших місцях – квартир у Москві немає. Як тоді там живуть? А ось так і живуть. Без квартир. Але цього мало – останні три роки в Москві переконали мене, що москвичі втратили і саме поняття слова "квартира" і словом цим називають будь-що.

Михаїл Булгаков "Москва 20-х років"

I'm telling everyone living in Berlin, Paris, London and other cities – there are no apartments in Moscow. So how do they live? Well, they just somehow live. Without apartments. But that's the least of it – the last three years in Moscow have convinced me that Muscovites have lost the very understanding of the word "apartment" and they use this word to describe just about anything.

Mikhail Bulgakov. "Moscow in the '20s"

Квартира стаханівця: 8 осіб на 12 кв. метрів (фото початку 30-х рр.)
Stakhanovite's apartment – 8 persons per 12 sq. meters (1930s)

Аби розв'язати повоєнну житлову кризу, радянська влада у 1918 році встановила санітарну норму житлової площі – кілька квадратних метрів на людину. Це правило стосувалося усіх, незалежно від соціального статусу. Втім, форми втілення цієї норми були ще далекими від задовільних. Головним пріоритетом СРСР у міжвоєнний період стала розбудова промисловості. Інфраструктура нових індустріальних міст, які поставали по всій території Радянського Союзу, повністю підпорядковувалася виробництву. Тож питання забезпечення громадян житлом на практиці формулювалося у такий спосіб: як забезпечити тимчасовий притулок робітникам численних фабрик і заводів? Поширеним вирішенням стали бараки, які становили майже 70% усього житлового фонду в СРСР.

To resolve the post-war housing crisis, the Soviet authorities established in 1918 specific sanitary norms of living space – several square meters per person. This rule applied to everyone, regardless of social status. However, this norm was manifested in ways that were far from satisfactory. Industry development became the main priority in the interwar USSR. Accordingly, the infrastructure of new industrial cities, arising all over the territory of the Soviet Union, was completely subordinated to production. Therefore, the question of providing housing for citizens was in practice formulated as follows: what was the best method of providing temporary shelter for employees of numerous factories? Simple barracks, which constituted almost 70 percent of housing throughout the USSR, became the most widespread solution.

У великих містах, де значна частина житлового фонду була з "дореволюційних" часів, найбільш розповсюдженим типом житла стала комунальна квартира. Ресурсів на масштабне будівництво нових помешкань не вистачало, а такий підхід дозволяв владі знайти додаткові "квадратні метри". До того ж, комунальне розселення полегшувало контроль та нагляд за настроями і поведінкою мешканців.

Покімнатне заселення практикувалося одразу після встановлення радянської влади – починаючи з літа 1918 року, коли вступив у дію декрет "Про скасування приватної власності на нерухомість у містах". Тоді це розглядалося як тимчасове явище. Однак уже за 10-20 років квартира, в якій проживало 5 чи 6 сімей, стала невід'ємною рисою міського життя у СРСР. Зокрема у Москві, напередодні Другої світової війни, дев'ять помешкань із десяти були комунальними. Квартири заселялися шляхом "ущільнення" – до власника помешкання підселяли інші родини. Кухня, ванна, туалет, коридор становили простір "загального користування".

The communal apartment became the most predominant form of housing in large cities, where much of the housing resources dated to "prerevolutionary" times. This approach allowed the authorities to find additional "square meters" despite a lack of funds for large-scale apartment construction. Additionally, communal housing enabled control over residents' attitudes and behavior.

Room-based occupancy began immediately after the establishment of Soviet authority – starting from the summer of 1918, when the "Decree on Cancelling Private Property in Real Estate in the Cities" was enacted. At the time this appeared like a temporary phenomenon. However, 10-20 years later, a single apartment housing 5 to 6 families became a fixture of Soviet urban life. Thus, 9 out of 10 apartments in Moscow prior to the outbreak of the Second World War were communal. Apartments were filled via "thickening," whereby additional families were introduced into a specific owner's apartment. The kitchen, the bathroom, the toilet, the corridor became "space for general use."

Кімната у "комуналці" у Санкт-Петербурзі
Room in "kommunalka" in Saint Petersburg

"ЗАХІД": КРИЗА НЕВТРУЧАННЯ
"THE WEST": THE CRISIS OF NON-INTERFERENCE

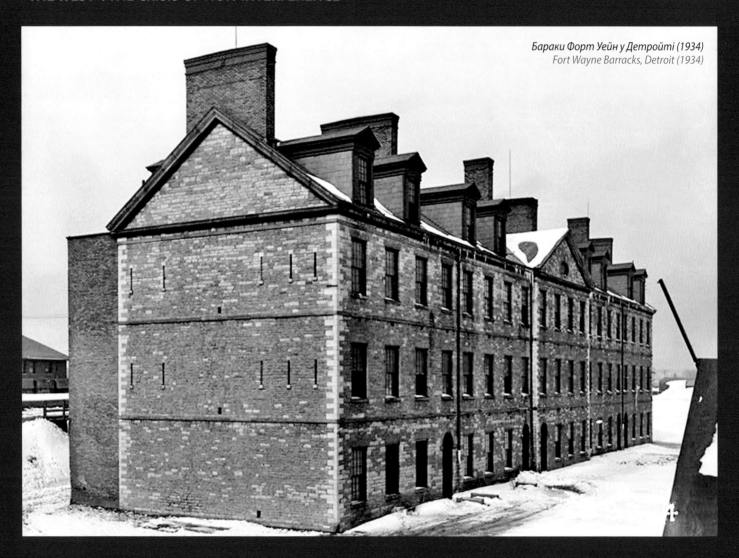

Бараки Форт Уейн у Детройті (1934)
Fort Wayne Barracks, Detroit (1934)

Цілковитою протилежністю принципам державного регулювання та втручання була ідеологія лібералізму, яка домінувала у політичному та суспільному житті багатьох західних держав після Першої світової війни. Така позиція не передбачала активного втручання у ринок житла. Тож усі, хто не міг собі дозволити помешкання, опинялися поза фокусом публічної уваги. Розбудова міст витісняла робітників на бідні окраїни чи у нетрі в центральних частинах.

У міжвоєнний період в окремих районах західних міст утворювалися занедбані дільниці. Без належного догляду та керівництва вони перетворювалися на нетрі і ставали "чорними дірами", мешканці яких жили своїм окремим паралельним життям. Соціальне житло було доступне лише незначному відсотку тих, хто його потребував.

Проблема нетрів вирішувалася, як правило, повною перебудовою занедбаного району, яка мала на меті насамперед економічне пожвавлення. Старі житлові будинки зносили, а натомість будували споруди більш привабливі для інвесторів. Мешканці знесених будинків часто опинялися у ще гірших умовах, ніж раніше.

The ideology of liberalism, which dominated in the political and social life of many Western powers after World War I, was completely opposite to the principles of state regulation and interference. A liberal stance did not envision active interference in the housing market. Thus, anyone who could not afford housing was excluded from the focus of public attention.

The growth of cities pushed workers into the poor districts or inner-city slums.

Decaying quarters arose in districts of some cities of the West in the interwar period. Without proper care and administration, these quarters turned into slums and became black holes, whose residents lived a parallel life. Only a small percentage of those in need of social housing had access to it. The problem of slums was usually resolved by complete reconstruction of the area, mostly aimed at economic growth. Old residential buildings were torn down, and more investor-friendly houses were built in their place. The former residents of demolished slums frequently found themselves in even worse conditions than before.

*Нетрі у Новому Орлеані,
штат Луїзіана, США*

*Slums in New Orleans,
Louisiana, USA*

НОВОМУ ЖИТЛУ – НОВА ФОРМА

NEW FORMS FOR NEW HOUSING

Політичні рішення щодо державної житлової політики супроводжувалися активним творчим пошуком у середовищі архітекторів, урбаністів та дизайнерів. Представники радикальної течії в архітектурі вірили, що застосування нових матеріалів і технологій разом із науковим підходом створять здоровий, зручний та доступний простір для життя. Ідеологічна гнучкість і суспільна заангажованість сприяли поширенню функціоналізму у країнах із різними політичними системами.

Архітектори-функціоналісти переконували: правильно та чітко організований життєвий простір може перевиховати людину, створити з неї зразкового члена соціуму. Тож вирішення житлової кризи було для них першим кроком у творенні ідеального суспільства. Для початку функціоналісти сформулювали кілька практичних принципів житлового будівництва: економія місця та матеріалів; швидке й масове будівництво; турбота про здоров'я, чистота, зручність; спрощення домашньої праці. Функціональне житло призначалося для раціонального мешканця без особливих відхилень. Будинки розташовували серед зелених майданчиків, аби всі помешкання отримували рівну

кількість сонячного світла. На кожну особу припадала окрема кімната, на кожну родину – окрема ванна. Житловий простір збільшувався за рахунок господарських приміщень. В ідеалі функціональне помешкання – це "машина для проживання". Вважалося, що мешканці у своїх квартирах повинні лише спати та відпочивати.

Political decisions about state housing policy were accompanied by a vibrant and creative search among architects, urban planners, and designers. Representatives of a radical direction in architecture believed that the use of new materials and technologies, coupled with a scientific apporach, would create healthy, convenient, and affordable living space. Ideological flexibility and social engagement promoted the rise of functionalism in countries with divergent political systems.

Functionalist architects believed that living space, properly and clearly organized, had the capability of re-educating people and turning them into exemplary members of society. Therefore, the resolution of the housing crisis was for them only the first step in creating the perfect society. To begin with, the functionalists formulated some practical principles for constructing residential buildings: economy of space and materials; quick and mass-oriented construction; hygiene, cleanliness, convenience; alleviating the burdens of housework. Functionalist housing was meant for sober and rational residents with no particularities or eccentricities. Buildings were to be located in green areas and situated in order to provide equal quantities of sunlight for all apartments. Every person was supposed to have a separate room, each family – a separate bathroom. The living space was increased by maintenance rooms. Ideally a functionalist apartment was meant to be a "residence machine." The underlying idea was that residents would only use their apartments for sleep and rest.

Житловий будинок 1930-х років у Львові, на вул. Є. Коновальця (колишня вул. 29 листопада)

Apartment house built in Lviv in the 1930s, Konovaltsia St. (former 29th November St.)

Функціоналістичний будинок, збудований у 1928 р. з нагоди щорічної виставки сучасної культури у Брно, Чехія
Functionalist houses built in 1928 on occasion of an annual exhibition of contemporary culture, Brno, Czech Republic

У своєму "чистому" вигляді ідеї функціоналізму були реалізовані здебільшого при будівництві "соціального" житла та елітних вілл на Заході, а також "програмних" будинків у СРСР. Більш широке розповсюдження отримав "пом'якшений" тип функціоналізму. Це багатоповерхові будинки підвищеної якості. Наголос тут ставився на раціональне планування, комунальні вигоди та комфорт. У мінімальному варіанті – з водопостачанням, каналізацією, пральнями, натомість максимальний варіант передбачав системи кондиціонування, ліфти і навіть басейни.

In its purest forms, functionalist ideas were mostly implemented in the construction of "social" housing and elite villas in the West, as well as "programmatic" buildings in the USSR. More widespread, however, was a form of "functionalism-lite" – multi-storied buildings of improved quality. This form stressed rational planning, communal services and comfort. At the very least, this presupposed water, plumbing, and laundry rooms; in its most developed forms, this style outfitted buildings with air conditioning, elevators, and even swimming pools.

НОВОМУ ЖИТЛУ – НОВА ФОРМА

NEW FORMS FOR NEW HOUSING

Галл-Гоф, муніципальний житловий будинок у дільниці Альзергрунд, Відень, 1924-25, фрагмент
Архітектори: Гайнріх Шоппер та Альфред Халюш

Gallhof, municipality housing, Alsergrund, Vienna, 1924-25, fragment
Architects: Heinrich Schopper and Alfred Chalusch

Карл-Маркс-Гоф – муніципальний житловий дім у Відні, збудований у 1927–1930 рр.
Фото Андрія Боярова

Karl-Marx-Hof, municipal residential complex in Vienna, built 1927 – 1930. Photo by Andriy Boyarov

"Червоний Відень"

Соціал-демократи, які прийшли до влади в Австрії в 20-х роках минулого століття, вдалися у Відні до грандіозного експерименту. Масштабна кампанія із забезпечення житлом робітничого класу мала на меті кардинально змінити обличчя столиці та перетворити робітників на "нових людей". Упродовж десяти років у "червоному Відні" за муніципальні кошти було зведено 400 житлових комплексів – зручні та доступні помешкання, в яких розмістилася десята частина усього населення міста. Карл-Маркс-Гоф – найвідоміша будівля того періоду. Комплекс довжиною у кілометр розмістив майже півтори тисячі квартир, а також дитсадки, лікарні, бібліотеки, пральні, дитячі майданчики та інші комунальні об'єкти.

"Red Vienna"

Social Democrats, who came to power in Austria in the 1920s, started a grand experiment in Vienna. A massive housing campaign for workers intended to radically change the face of the capital, and turn the workers into "new people." Over the course of ten years, "Red Vienna" saw the construction of 400 new housing complexes, all funded by the city. These were comfortable and affordable living quarters that provided homes to one-tenth of the city's population. The most famous building of the era was the Karl-Marx-Hof. This kilometer-long complex included almost 1,500 apartments, as well as kindergartens, hospitals, libraries, laundry rooms, children's playgrounds, and other communal projects.

Будинок Наркомфіну

Московський будинок Наркомфін – "програмний" житловий дім-комуна, збудований у 1930-му році для працівників Народного комісаріату фінансів СРСР. Проект передбачав будівництво багатофункціонального комплексу. Однак, комунальний центр, дитячий та господарський корпуси так і не були зведені. Житлова будівля складалася з двох корпусів: шестиповерхового – для неодружених осіб, семиповерхового – для сімейних. У дворі був розташований комунально-господарський блок. Будинок був задуманий як житло "перехідного" типу. Тому тут можна було жити сім'ями, а не комуною.

The Narkomfin building

The Narkomfin building in Moscow was a "programmatic" building, constructed in the 1930s for the employees of the People's Commissariat of Finance of the USSR (Narkomfin in its Russian abbreviation). The project envisioned the construction of a multi-functional complex. However, the community center, children's and maintenance buildings were never built. The residential part comprised two buildings: a six-storied one for single people, and a seven-storied one for families that included a communal-maintenance section in the courtyard. The building was planned as a "intermediate" type of residential housing. For this reason, its residents still lived as families, not as a commune.

Будинок-комуна Наркомфіну у Москві, зведений у 1930 р.
House commune Narkomfin in Moscow, built 1930

НОВОМУ ЖИТЛУ – НОВА ФОРМА

NEW FORMS FOR NEW HOUSING

Житловий комплекс, збудований у 1926-1928 рр.
(Львів, вул. Стрийська)
Residential complex, built 1926-1928 in Lviv
(Stryiska St.)

До функціоналізму вдавалися і великі компанії при будівництві житла для своїх робітників. Відкидаючи ідеї радикальної трансформації, промисловці, втім, намагалися навчити найменш забезпечену і найчисельнішу групу городян норм гігієни, естетики, комфорту й ощадності в нових умовах епохи індустріалізації і стандартизації.

The functionalist approach towards constructing a multi-apartment building changed the building's spatial layout, getting rid of side wings and narrow internal courtyards, and turning these into green areas around the building. Separate buildings were frequently grouped not simply in straight lines along a street, but into blocks, thus creating a common and unified space. The buildings themselves became more austere and cubical, adornment was removed or minimized. The simplicity of outside forms stressed the residential functions of the building. Apartments in such buildings included bathrooms, separate WCs, kitchens with pantries, and two to three rooms. An example of "lighter" residential functionalism is the Pension Fund (Zkład Pensyjny Funkcjonariuszów we Lwowie) complex in Lviv's Stryiska Street constructed in the late 1920s. This building block, with affordable, but comfortable apartments, was the local answer to modernism in the West.

Функціональний підхід у побудові багатоквартирного будинку насамперед змінив просторове планування – зникли флігелі та вузькі внутрішні дворики, які перетворилися на зелені ділянки довкола будівлі. Окремі будинки часто почали з'єднувати не просто в ряди вздовж вулиці, а в блоки, що утворювали спільний простір. Сама будівля набула більш строгих кубічних обрисів, зникло або мінімалізувалося оздоблення. Простота зовнішньої форми підкреслювала житлову функцію будинку. Помешкання в таких будинках передбачали ванну, окремий туалет, кухню з комірчиною та 2-3 кімнати. Прикладом "пом'якшеного" житлового функціоналізму є комплекс для Пенсійного фонду (Zkład Pensyjny Funkcjonariuszów we Lwowie) у Львові на вулиці Стрийській, збудований наприкінці 1920-их років. Блок будівель із недорогими, але зручними помешканнями був місцевою відповіддю на розвиток західного модернізму.

In constructing housing for their workers, large companies also resorted to functionalism. While rejecting ideas of radical transformation, industry bosses nevertheless attempted to inculcate the most numerous and least well-off group of citizens with norms of hygiene, aesthetics, comfort and fiscal responsibility in the new era of industrialization and standardization.

Будинок від трамвайного депо

У 1936 році для працівників трамвайного депо у Львові збудували будинок. Згідно з поняттями функціоналізму про красу, його фасад залишився практично не оздобленим. Будинок прикрашали лише живі рослини: ліани, які вилися вздовж вікон сходової клітки, та горщики з яскраво-червоними квітами на кожному вікні. Ці прості «прикраси» особливо виділялися на фоні світло-сірого фасаду. Раціонально-оздоблювальну функцію виконували і кам'яні лавочки біля вхідних дверей, де можна було перепочити, поставити сумку та металеві "шкрабачки" для взуття.

Інтер'єр одно- і двокімнатних квартир відповідав нормам раціонального використання простору та виробничим потребам помешкання. Типовим було об'єднання кімнати з кухонною нішею, де стояло кухонне вогнище, яке виконувало одночасно функцію плити і опалювального пристрою для всієї квартири. За принципом економії коштів та простору розв'язували і питання санітарії. Відсутність ванн у квартирах компенсувалася пральнею і душовою, які розміщувалися у підвальних приміщеннях кожного під'їзду. Окремий тип помешкань становили квартири для неодружених робітників – у Галичині досі для позначення економного малогабаритного житла користуються польським словом "кавалєрка" (kawalerka). Загальна площа "кавалєрки" складала понад 20 квадратних метрів.

The Tram Depot Building in Lviv

A house for the tram depot workers was built in 1936. The norms of functionalist aesthetics dictated that a building's facade remain essentially unadorned. The only decorations used were living plants: lianas along the windows of the staircase, and pots with bright-red flowers on the windows of all apartments. These simple "ornaments" were especially visible against the light-grey facade. The stone benches by the building's gate performed a practical, as well as decorative, function – they could be used to rest, to set down a bag, and were even equipped with special metal fixtures to scrub dirt off one's shoes.

The interior design of one- and two-room apartments in these buildings responded to the norms of the rational use of space, as well as the production needs of the apartment. Typical were rooms with multi-purpose elements, such as kitchens with niches that held the kitchen hearth, which could serve both as a stove, and as a heating element for the entire apartment. Questions of hygiene were also resolved according to the principle of economy of cost and space. The absence of baths in the apartments was compensated by laundry and shower rooms located in the cellar of each building or block. A separate type of housing was the apartment for an unmarried worker – the Polish word kawalerka ("bachelor flat") is still used in Galicia to denote such an economical and small apartment. The general area of this type of apartment was just over 20 square meters.

*Будинок для працівників трамвайного депо
(реконструкція оригінального вигляду)*

*The Tram Depot Workers Building
(reconstruction of authentic look)*

НОВОМУ ЖИТЛУ – НОВА ФОРМА

NEW FORMS FOR NEW HOUSING

Існували й інші бачення житлового будівництва. Ті архітектори, які не схвалювали колективності та масовості функціоналізму, пропагували індивідуальну малоповерхову забудову. Якщо найвідомішим ідеологом багатоквартирного будівництва був Ле Корбузьє, а візіонером індивідуального будівництва та максимальної децентралізації – американський архітектор Ллойд Райт, то найвпливовішим можна сміливо назвати британця Ебенезера Говарда, який, не будучи архітектором, започаткував рух "міст-садів". Найменш візіонерський та амбітний, проект міста-саду поєднував переваги міського та сільського життя, а завдяки використанню модерних напрацювань йому також були притаманні більш традиційні та навіть консервативні риси. До масової реалізації ця ідея дійшла у вигляді зелених передмість та окремих дільниць чи колоній у містах.

Other visions of residential construction also existed. The architects who opposed the collective and mass character of functionalist construction promoted individual buildings with fewer stories. Whereas Le Corbusier was the best-known ideologue of multi-apartment construction, and the American architect Frank Lloyd Wright was the visionary of individual buildings and maximum possible decentralization, the greatest influence belongs to the Briton Ebenezer Howard.

Although not himself an architect, he started the movement of garden cities. Least visionary and ambitious of all these concepts, the project of a garden city still combined the advantages of city and village life. While employing modern ideas, it also included more traditional, and even conservative, features. This idea was introduced to the masses in the form of green suburbs and separate districts or colonies within cities.

Проект забудови дільниці біля міської електростанції у Львові (1926)
Development project of district in Lviv near city power-station (1926)

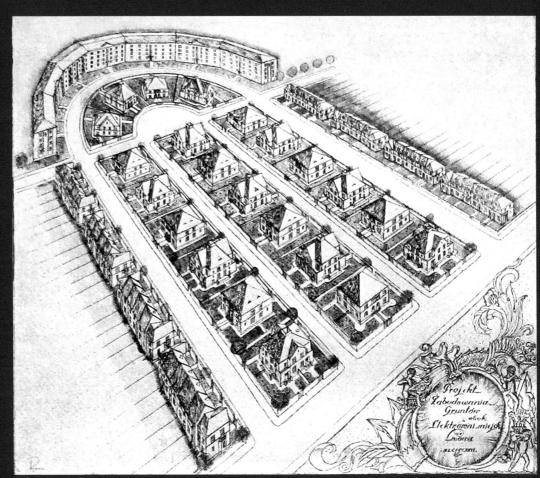

Двадцяте століття було не лише часом інтенсивного житлового будівництва, але й періодом насильницького позбавлення мешканців їхніх домівок. Після захоплення влади більшовиками у Росії, а згодом і в інших радянських республіках, багато людей повністю або частково втратили домівку через соціальну політику нової влади, спрямовану на винищення аристократії та, значною мірою, міщанства. У 1930-х політичні чистки у СРСР позбавили життя тисячі радянських громадян і тисячі сімей – їхніх помешкань. Починаючи з середини 1930-х, нацистська Німеччина обмежувала громадянські та людські права для євреїв, що означало позбавлення дому, а потім – і життя у концтаборах, гетто та місцях розстрілу.

The 20th century was not only a time of intensively building new homes – but also a time of violently depriving people of their homes. After the Bolsheviks seized power in the Russian Empire, and later in other Soviet republics, many people either entirely or partially lost their homes through the social policies of the new authorities directed at destroying the aristocracy and to a significant degree, the middle class. In the 1930s the political purges in the USSR deprived many thousands of Soviet subjects of their lives – and deprived many thousands of families of their homes. Beginning in the middle of the 1930s Nazi Germany limited citizen and human rights for Jews, which meant that they lost their homes, and later, their lives, in concentration camps, ghettos, and mass shootings.

"Будинок уряду" (1927-1931), знаний як "Будинок на набережній" у Москві, є одним із символів політичних чисток серед радянської номенклатури у 1930-х. Цей 12-поверховий будинок із 505 квартирами – один із найбільших у Європі – став на той час "будинком попереднього ув'язнення". Майже 250 його мешканців були арештовані, а їхні сім'ї виселені з відомчих квартир.

Moscow's House of Government (built 1927-1931), known as the "House on the Embankment," is one of the symbols of political purges among the Soviet nomenklatura in the 1930s. This 12-storey building with 505 apartments – one of the largest in Europe – became a "house of preliminary detention." Almost 250 of its residents were arrested, and their families evicted from their state-furnished apartments.

Примусове переселення до гетто у Лодзі, березень 1940
Окупована Польща, група єврейських мешканців, змушених носити знак зірки Давида під час депортації до гетто.

Forced Resettlements into the Lodz Ghetto, march 1940
Occupied Poland, a group of Jewish residents, forced to wear the Star of David during their deportation to the ghetto.

...Коли [мама, Марія Кульчинська] повернулась до Львова, пішла до нашого помешкання. Їй відчинила росіянка, одягнута у мамині пантофлі і халат. В помешканні нічого, за винятком власниці, не змінилося. Мама сіла на канапу і шокована ситуацією знерухоміла, вперишись поглядом в малий портретик на стіні. Нова господиня спитала хто це, а, почувши відповідь "моя донька", швидко зняла фото зі стіни і подарувала його мамі.

Ізабелла Кульчинська-Фалда про Марію Кульчинську,
дружину Станіслава Кульчинського, ректора Львівського університету перед війною

When Mama [Maria Kulczyńska] returned to Lviv, she went to our home. A Russian woman opened the door dressed in Mama's slippers and robe. Nothing, with the exception of the owner, had changed in the apartment. Mama, shocked by the situation, sat on the couch unmoving, and glanced at the little portrait on the wall. The new mistress of the house asked who it was, and when Mama answered, 'My daughter,' she quickly took the portrait off the wall and gave it to Mama.

Isabella Kulczyńska-Falda, about Maria Kulczyńska,
the wife of Stanisław Kulczyński, one of the last rectors of Lwów University before the war

Між 1939-им та 1946-им роками у Львові тисячі людей втратили свої квартири, будинки, приватні речі. Багато з них втратили життя. А серед тих, хто пережив у місті радянську та нацистську окупації, майже усі під час війни втратили близьких та рідних. Депортації, Голокост і арешти часто супроводжувалися позбавленням майна та житла, а згодом для багатьох – і життя. Ще у «теплі» домівки поселялися нові люди. Інколи вони залишали незмінними інтер'єр і декорування помешкань.

Between 1939 and 1946 thousands of people in Lviv lost their homes, apartments, and private things. Many of them lost their lives, and almost everyone who survived in the city during the Soviet and Nazi occupation lost close friends and relatives. Deportations, the Holocaust and mass arrests often were accompanied by the deprivation of housing, property and for many, life. New people moved into homes that were still "warm" from the old tenants. Sometimes people even kept the same interiors and home decoration.

Згідно з переписом населення, у Львові в 1931 р. мешкало понад 312 тис. осіб (з них понад 157 тис. – римо-католики, 99 тис. – іудеї і 49 тис. – греко-католики), у 1944 р. – трохи більше 154 тис. осіб, а у 1959 р. – 410 678 осіб. Друга світова війна цілком змінила обличчя міста – у ньому практично зникли єврейська і польська громади та зросла чисельність українців і росіян.

According to the 1931 census in Lviv, there were over 312,000 people (of them, over 157,000 were Roman Catholic; 99,000 thousand were Jewish; and 49,000 were Greek Catholic); in 1944, there were just over 154,000 inhabitants of Lviv. In 1959, there were 410,678 people. World War II utterly transformed the face of the city—the Jewish and the Polish community almost entirely vanished and the number of Ukrainians and Russians grew.

ПІСЛЯ ІІ СВІТОВОЇ – ВСЕ СПОЧАТКУ

AFTER WORLD WAR II: EVERYTHING ALL OVER AGAIN

... розглядати цю війну як певний етап жахливої історії, історії світу, що змінюється, колапс однієї обширної системи та побудову нової і кращої. ... Позаду немає нічого корисного, до чого можна було б повернутися. Але ми можемо йти вперед ... і справді задумати та збудувати благородніший світ, у якому звичайні, достойні люди можуть знайти не лише справедливість та безпеку, але також красу і радість.

З виступу британського письменника Дж. Б. Прістлі
у радіопрограмі ВВС у 1940 році

... to regard this war as a chapter in tremendous history, the history of a changing world, the breakdown of one vast system and the building up a new and better one. ... There's nothing that really worked that we can go back to. But we can go forward ... and really plan and build a nobler world in which ordinary, decent folk can not only find justice and security but also beauty and delight.

J.B. Priestly, British writer, on the BBC program, Postscript, 1940

Після завершення Другої світової війни проблеми, які не вдалося вирішити у 20-30-і роки, постали перед суспільством в значно глибшій формі. Маштабна, насамперед моральна, криза існуючих політичних ідеологій – фашизму, нацизму, комунізму та лібералізму – вимагала радикального переосмислення та пошуку нових шляхів. Ані ідеологія невтручання та саморегуляції ринку, ані ідеологія активного державного втручання та контролю не могли дати відповіді на питання: як жити після війни. Ще на початку війни багатьом, а наприкінці її – майже усім, було очевидно, що післявоєнна відбудова має відбуватися у формі суспільної перебудови. Стомлені війною люди небезпідставно очікували винагороди за роки лихоліття. Зокрема, подальше різке збільшення кількості міських жителів на тлі повоєнних руйнацій вимагало рішучих дій та нових підходів у містоплануванні та містобудуванні. Підвищення соціальних стандартів стало також частиною суперництва між "західним" та "комуністичним" світами. Заради цієї мети обидві сторони "холодної війни" йшли на ідеологічні компроміси. На шляху до створення "держави благополуччя" ліберальний Захід почав вдаватися до масштабного державного регулювання. Тоді як комуністичні уряди через ширший розподіл матеріальних благ сприяли появі нового "середнього класу". Питання забезпечення громадян житлом було визнане одним з найбільш пріоритетних по обидві сторони "залізної завіси".

After World War II the problems unable to be solved in the 1920s and 1930s stood before society in a much deeper form. The enormous crisis (in particular, moral) of the existing political ideologies – fascism, Nazism, communism and liberalism – demanded a radical re-thinking and a search for new paths. Neither the ideology of non-intervention and a self-regulating market, nor the ideology of active government intervention and control could give an answer to the question of how to live after the war. For many people at the beginning of the war, and for almost everyone at the war's end, it was clear that postwar construction had to take place in the form of social rebuilding. People exhausted by the war not unreasonably expected a reward for their years of suffering. In particular, the sharp increase in the number of urban dwellers, on the background of postwar ruin, demanded decisive action and new approaches to city planning and construction. Improving social standards also contributed to rivalry between "Western" and "Communist" countries. In order to raise the standard of living, both opponents in the Cold War entered into an ideological compromise. On the path to the creation of the welfare state the liberal West began to resort to extensive state regulation. Then Communist governments, through a wider division of material goods, accepted the appearance of a new middle class. The question of ensuring housing for citizens was recognized as one of the most crucial on both sides of the Iron Curtain.

СРСР: ВІД ІНДИВІДУАЛЬНОГО БУДІВНИЦТВА ДО ТИПОВИХ БАГАТОПОВЕРХІВОК

THE USSR: FROM INDIVIDUAL CONSTRUCTION TO THE TYPICAL HIGH-RISE

Одразу ж після війни багато людей і родин були змушені вирішувати питання житла самотужки. Приватна ініціатива та самодіяльне будівництво офіційно заохочувалося навіть в Радянському Союзі. Малоповерхове індивідуальне житло всерйоз розглядалося комуністичним керівництвом як один з варіантів житлового розвитку – незважаючи на небезпеку посилення почуття "індивідуалізму" у соціалістичних громадян. У 50-х роках на приватні будинки припадала третина усього міського житлового простору у СРСР.

Immediately after the war many individuals and families had to decide the question of housing alone. Private initiative and do-it-yourself construction was officially encouraged in the Soviet Union. Low-rise individual housing was seriously considered by the communist leadership as one of the possible variants of housing development – despite the danger of spreading "individualism" among Socialist subjects. In the 1950s private dwellings accounted for one-third of all urban residential space in the USSR.

"Хрущовка" у Києві (сучасне фото)
"Khrushchovka" in Kyiv (contemporary photo)

СРСР: ВІД ІНДИВІДУАЛЬНОГО БУДІВНИЦТВА ДО ТИПОВИХ БАГАТОПОВЕРХІВОК

THE USSR: FROM INDIVIDUAL CONSTRUCTION TO THE TYPICAL HIGH-RISE

Повоєнна відбудова: випадок Львова

У Львові в 50-х роках було реалізовано масштабну, але короткотривалу програму з будівництва малоповерхових помешкань. У 1945 році понад 90% житлових будівель у Львові були майже непошкодженими. Але населення міста між 1939-1947 роками кардинально змінилося. Єврейські мешканці Львова були вбиті під час Голокосту, польські мешканці – депортовані до ГУЛАГу, а після війни – виселені до комуністичної Польщі, багато українців, що мешкали у Львові, були також арештовані та депортовані. Уже наприкінці 1940-х, внаслідок масштабного напливу нових мешканців відчутною стала нестача житла. Забезпечення житлом часто лежало на плечах новоприбулих працівників заводів, які мали самостійно його собі збудувати. У 1957 році партійне керівництво прийняло рішення про будівництво 1200 індивідуальних котеджів у шести районах Львова. Архітектори, яким довірили проектування, звернулися до зразків львівського міжвоєнного функціоналізму і запозичили чимало композиційних та декоративних прийомів з довоєнного часу. Цей період швидко завершився з впровадженням типового масового будівництва, знаного як "хрущовки".

Postwar reconstruction: the case of Lviv

In 1950s Lviv a massive, but short-lived, program of building low-rise housing was implemented. In 1945 more than 90% of residential buildings in Lviv were almost unharmed. The population of the city, however, radically transformed between 1939 and 1947. The Jewish inhabitants of Lviv were killed in the Holocaust; Polish inhabitants were deported to the Gulag, and after the war, to Communist Poland. Many of Lviv's Ukrainian population were also arrested and deported. Already by the end of the 1940s the massive influx of new inhabitants made the insufficiency of residential space apparent. Housing often fell on the shoulders of the newly-arrived factory workers, who had to construct it by themselves. In 1957 the Party leadership decided to build 1200 individual homes in 6 regions of Lviv. The architects entrusted with the design turned to the models of Lviv interwar functionalism and borrowed not a few compositions and decorative designs from the pre-war period. This period ended quickly, however, with the introduction of typical mass construction, known as "Khrushchovky."

Чотириквартирний дім – приклад повоєнної індивідуальної забудови (Львів, вул. Балтійська)

The semi-attached house is an example of postwar individual housing in Lviv (Baltiyska St.)

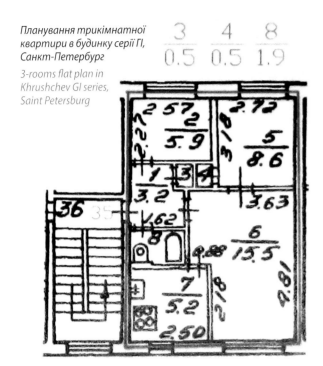

Планування трикімнатної квартири в будинку серії П, Санкт-Петербург

3-rooms flat plan in Khrushchev GI series, Saint Petersburg

Although planning of the Khrushchovky started in the 1940s, it was only in the middle of the 1950s that the USSR achived the industrial base for mass construction. In Moscow in 1961 there appeared "House-Building Factory Number 1" – at the time the largest such outfit of its type in the world.

In the first years of his leadership, Nikita Khrushchev announced a break with Stalinism – including in the sphere of architecture. Utilitarian modern architecture was pronounced as foundational – as opposed to the "Stalinist imperial" style, which had turned to classicism and historicism. Essentially, this was about a renaissance of Soviet constructivism, but in a much simpler and more mass-oriented form. Buildings were supposed to arise as quickly and cheaply as possible. And so, in order to economize Khrushchev refused any non-functional details or finishes.

Інтер'єр сходової клітки у "хрущовці"
Staircase interior in "Khrushchovka"

Проектування "хрущовок" почалося ще в 40-і роки, проте, створити індустріальну базу для їх масового будівництва вдалося лише з середини 50-их. У 1961 році в Москві постав Домобудівельний комбінат №1 – на той час найбільше у світі підприємство такого типу.

В перші ж роки перебування на керівному посту Нікіта Хрущов оголосив про розрив із сталінізмом – зокрема, й у сфері архітектури. Відтепер основною проголосили утилітарну модерну архітектуру – на противагу до "сталінського ампіру", який звертався до класицизму та історицизму. Фактично йшлося про відродження радянського конструктивізму, однак у більш простій та масовій формі. Будівлі слід було зводити максимально швидко та дешево. Тож задля економії Хрущов наказав відмовитися від будь-яких нефункціональних деталей та оздоблень.

СРСР: ВІД ІНДИВІДУАЛЬНОГО БУДІВНИЦТВА ДО ТИПОВИХ БАГАТОПОВЕРХІВОК

THE USSR: FROM INDIVIDUAL CONSTRUCTION TO THE TYPICAL HIGH-RISE

Сім'я слюсара-складальника вселяється в нову квартиру, Київ (1962)
A locksmith's family is moving to new flat, Kyiv (1962)

Переїзд у новобудову сприймався як квиток у нове краще життя. Для багатьох радянських сімей це було перше окреме житло. Проживання у власній квартирі значно змінило життєвий уклад радянських людей. Нового значення набула родина та родинні зв'язки. Водночас змінилася звична сімейна структура – типовою міською родиною стала так звана нуклеарна сім'я, яка обмежувалася лише найближчими рідними – батьками та дітьми. Оснащення помешкання теле- і радіоапаратурою перетворило його на один з "центрів" дозвілля.

The move into a newly-constructed building was considered a ticket to a new and better life. For many Soviet families this was their first single-family dwelling. Living in their own apartment significantly changed the quality of life for Soviet people. Family and family ties acquired a new meaning. At the same time the standard family structure was changing – the typical urban family was now the so-called nuclear family, limited to only the most intimate family members, parents and children. The apartment itself transformed into the most important "center" of free time. Outfitting the apartment with television and radio turned it into a channel for receiving cultural benefits.

У квартирі бригадира Дарницького шовкового комбінату, Київ (1964)
In the apartment of a brigadier fram the Darnytsia Silk Works, Kyiv (1964)

Отримавши американські гроші згідно з планом Маршала, західноєвропейські держави почали активно будувати "кращий світ". Були розроблені проекти масового житлобудівництва – не лише соціального характеру. Питання економії, як і в Радянському Союзі, змушували вдаватися до типових блочних будинків фабричного виробництва. Під час війни в урядів та підприємців виробилася звичка до впровадження різних інновацій та експериментів.

Western European governments, financial beneficiaries of the United States' Marshall Plan, began to actively build a "better world." Projects of mass residential construction were developed – and not only of a social character. The question of economy, just as in the USSR, forced governments to resort to typical factory-manufactured block buildings. The war made the introduction of various innovations and experiments habitual for government and business.

Житлові "кубічні" будинки у Роттердамі, Нідерланди, 1980-і роки
Residential Cube House in Rotterdam, Netherlands, 1980s

ЗАХІД: З БАГАТОПОВЕРХІВОК У КОТЕДЖІ

THE WEST: FROM HIGH-RISE TO COTTAGE

В повоєнний час смілива багатоповерхова житлова архітектура вже не сприймалася як щось авангардне. Як і в Радянському Союзі, ідеї функціоналізму у масовому втіленні стали головним засобом підняття соціальних житлових стандартів у Європі. Показовим прикладом є Нідерланди. Більшість міст тут були зруйновані вщент і саме сюди спрямовували величезні потоки американських інвестицій. Будівництво "з нуля" перетворило Нідерланди на країну модерністичних будівель.

З часом у країнах Західної Європи та північної Америки зростала популярність, а також доступність, приватних однородинних будинків. Вже у 1950-1960-х роках довкола усіх великих міст у США розрослися гігантські передмістя. Типовий котедж, оточений зеленим газоном, став втіленням "американської мрії".

In the postwar period bold multi-storey residential architecture was already not perceived as anything avant-garde. Just as in the Soviet Union, in Europe the idea of functionalism in mass implementation was the primary method of raising living standards in society. The Netherlands offers a prime example. The majority of Dutch cities were completely destroyed during the war and it was precisely here that the great streams of American investment were directed. Building "from nothing" transformed the Netherlands into a country of modernist buildings.

Over time in the countries of Western Europe and North America the popularity and accessibilty of private single-family buildings increased. Already by the 1950s and 1960s gigantic suburbs grew around all the larger cities in the United States. The standard home surrounded by a green lawn became the typical incarnation of the "American dream."

Житловий мікрорайон
у Бронксі, Нью-Йорк, США (1973)

A vast housing development
in the Bronx, New-York, USA (1973)

"Левіттаунські" околиці містечка Боуї, Меріленд, США
Levittown suburbs in Bowie, Maryland, USA

"Левіттауни"

Розвиток американських передмість у США пов'язується з конкретною будівельною фірмою родини Левіт. Під час Другої світової війни компанія розробила методи швидкої побудови одноповерхових будинків за принципом конвеєра. Ринковий успіх недорогих, але якісних котеджів, дозволив керівникам фірми збудувати в усіх Штатах величезні передмістя – "Левіттауни", які фактично ставали окремими містами. Нововведенням родини Левітів також була побудова необхідної інфраструктури – усі одноповерхові райони мали свої школи, бібліотеки, хол муніципальної влади та продуктові супермаркети. Усього підприємлива родина збудувала майже 150 тисяч котеджів.

"Levittowns"

The development of suburbs in the United States was connected wtih one specific construction company, that of the Levitt family. During World War II the company worked out a method of quickly constructing single-level dwellings on the conveyor-belt principle. The market success of these inexpenisve, but high-quality, homes allowed the directors of the firm to build great suburbs, "Levittowns," which essentially became separate cities, all across the United States. The innovations of the Levitt family also included the construction of all necessary infrastructure – all single-level residential regions had their own schools, libraries, halls of municipal power and supermarkets. In total, this family enterprise built almost 150,000 homes.

49

ЗАХІД: З БАГАТОПОВЕРХІВОК У КОТЕДЖІ

THE WEST: FROM HIGH-RISE TO COTTAGE

Левіттаун у Пенсильванії, вигляд з літака. Aerial view of Levittown, Pennsylvania

На Заході панельні багатоповерхівки так і не здобули позитивного іміджу "житла для всіх". Більшість надавала перевагу проживанню у приватному котеджі. Не дивно, що з часом багатоповерхові новобудови перетворювалися на житло для маргінальних і бідних верств населення – неодружених осіб, робітників та іммігрантів.

Розпад Радянського Союзу завершив "епоху масових новобудов" і в Східній Європі. Зруйнування індустріального виробництва та занепад загальної системи соціального забезпечення призвело до поступової деградації цілих мікрорайонів, особливо у провінції.

In the West panel high-rises failed to build a positive image of "housing for all." Most people still preferred life in a private home. It is not surprising that with time high-rise construction was transformed into residences for marginalized and poor sectors of the population – single people, workers, and immigrants.

The collapse of the Soviet Union ended the "era of the new mass buildings" in Eastern Europe as well. The ruin of industrial manufacturing and the disappearnce of the general system of social welfare led to the gradual decline of entire micro-regions, especially in the provinces.

"Прюіт-Іґоу"

Відомим є приклад житлового комплексу "Прюіт-Іґоу" в американському місті Сент-Луїс. Збудований у 1956 році мікрорайон буквально за десятиліття настільки здеградував, що на початку сімдесятих його вирішили повністю знести. У масовій свідомості "Прюіт-Іґоу" став символом загальної "неуспішності" таких проектів. А багатоповерхівки загалом почали асоціюватися із соціальними проблемами – бідністю, брудом, злочинами.

"Pruitt-Igoe"

The example of the residential complex "Pruitt-Igoe" in the American city of St. Louis is well-known. Built in 1956, the micro-region degraded to such an extent in only a decade that at the beginning of the 1970s it was decided to fully demolish it. In mass consciousness "Pruitt-Igoe" became a symbol of general "lack of success" of such projects. And high-rises generally started to be associated with social problems, such as poverty, filth, and crime.

Руйнування комплексу
"Прюіт-Іґоу" (1972)

Demolition of Pruitt-Igoe
(1972)

ЗАХІД: З БАГАТОПОВЕРХІВОК У КОТЕДЖІ

THE WEST: FROM HIGH-RISE TO COTTAGE

Панельні новобудови у Манчестері, Велика Британія

Housing blocks in Manchester, Great Britain

На сьогодні, одне з шести помешкань у Європі припадає на панельний дім. Ми можемо навіть спостерігати новий тренд – зростання популярності "багатоповерхівок" серед молоді. Квартири у "висотках", приміром, чудово пасують молодим професіоналам, не обтяженим родинами. Хоча більшість американців та європейців прагне жити таки у власних приміських будиночках.

Today, one out of every six dwellings in Europe is a block house. We can even observe a new trend – the increase of popularity of high-rises among youth. Apartments in the "heights" for example, perfectly suit young professionals and families. Yet, the majority of Americans and Europeans still desire to live in their own little suburban homes outside the city.

ДИЗАЙН ДЛЯ ДОМУ

HOME DESIGN

ДИЗАЙН ДЛЯ ДОМУ

HOME DESIGN

Якби мене спитали, що є найважливішим витвором мистецтва та, водночас, найбільш жаданою річчю, я б відповів – Красивий Будинок.

Вільям Морріс

If we were asked to say what is at once the most important production of Art and the thing most to be longed for, I should answer, A Beautiful House.

William Morrise

Поняття "дизайн" з'явилось ще в XVI ст. у значенні задуму майбутнього твору мистецтва. Проте сучасне значення дизайну як художнього проектування предметів та середовищ виокремилось у другій половині XIX ст. Промислова революція розділила роботу ремісника та проектувальника – до впровадження машинного виробництва дизайн був передовсім пов'язаний із виготовленням виробу.

Масове виробництво предметів інтер'єру відкрило можливість широкому колу людей облаштовувати помешкання відповідно до власних уподобань та можливостей. Проте виробники – власники фабрик та майстерень – були зорієнтовані насамперед на отримання прибутку. Тому вони продукували переважно дешеві копії "елітних" меблів для масового споживача. Врешті, спротив, спричинений засиллям дешевих та одноманітних речей, дав поштовх до зародження таких рухів, як Arts & Crafts у Великобританії, об'єднання Deutscher Werkbund та школи Bauhaus у Німеччині. Вони ставили за мету розробляти естетичні та доступні предмети інтер'єру. Речі цих дизайнерських груп поєднували новаторські ідеї та технології, але доступними вони так і не стали.

Справжній розквіт масового дизайну припадає на період після Другої світової війни. З одного боку, облаштування побуту стало ключовим у суспільстві, яке долало наслідки війни. Зростання рівня добробуту, а отже і купівельної спроможності, призвело до зростання попиту на побутові товари. З іншого боку, технології дозволили так здешевити виробництво, що дизайн став ключовим фактором у виборі товару.

The understanding of "design" appeared as early as the 16th century as the conception of a future work of art. But the contemporary meaning of design, as the artistic organization of objects and space, emerged only in the second half of the 19th century. The industrial revolution separated the work of the artisan and the designer – design, until the introduction of mass manufacturing, was inseparably linked with the production of objects.

Mass production of objects for the interior allowed us to arrange our homes according to our own tastes. But manufacturers – factory owners and workshop owners – were focused above all on profit, and so they made cheap copies of "elite" furniture, which found a demand in the mass consumer. Resistance to the dominance of cheap and simplistic objects gave birth to such movements as Arts and Crafts in Great Britain, Deutscher Werkbund and the Bauhaus in Germany. These groups took as their goal the manufacturing of aesthetically pleasing, yet widely accessible, objects for the interior. The resulting products of these design groups combined innovative ideas and technology – but they still did not achieve wide availability.

The real expansion of mass design occured in the years after World War II. First, arranging everyday life was crucial in postwar society, struggling to overcome the consequences of the war. The increasing level of well-being, and so increasing purchasing power, led to increased demand for everyday goods. Second, technology permitted the lowering of manufacturing costs to such an extent that design could constitute a key factor in the production of everyday goods.

Вільям Морріс.
Дизайн "ґратчастих шпалер" (1862)

William Morris.
Design for Trellis Wallpaper (1862)

Сьогодні, можливо, як ніколи, предмети інтер'єру відображають смаки та погляди своїх власників. З цієї точки зору, комфортом, практичністю та економічністю часто нехтується заради репрезентативності, радикальних намірів проекту чи самоекспресивних імпульсів дизайнера.

Today, more than ever, interior design serves to support a demonstration of tastes and views of a home's residents. From this point of view, comfort, practicality, and economy are often rejected for the sake of a project's radical intentions, or the designer's self-expressive impulses.

ДИЗАЙН ЯК ІДЕОЛОГІЯ

DESIGN AS IDEOLOGY

Облаштування помешкань виглядає на позір приватною справою мешканців, а робота дизайнера – вільним від етичних претензій мистецтвом. Проте у XX столітті дизайн став об'єктом зацікавлення держави, яка намагалася впливати на своїх (а подекуди й чужих) громадян естетичними засобами, а дизайнер-художник перетворився на інструмент тиску. Ще у міжвоєнний період облаштування домашнього простору стало ідеологічним питанням як для авторитарних, так і демократично-ліберальних держав. Художник рідко коли є незалежним – від ринку чи від адміністративної системи – і тому його пропозиції облаштування побуту почасти формує система, в якій він творить. Радикальні експерименти радянських конструктивістів 1920-х років отримали логічний розвиток у країнах Західного світу, де розвивалася ринкова економіка, натомість в СРСР конструктивісти та їх напрацювання були піддані забуттю. У системі, яка прагнула тотального контролю не могло існувати несанкціонованих інновацій.

The arranging of the home might appear to be a private matter of the home's residents, and the work of the designer might appear to be art free from the ethical claims. However, in the 20th century design became an object of government interest. States attempted to influence their citizens (and sometimes, other citizens) through aesthetic means, and the designer-artist became an instrument of pressure. Even in the interwar period the arrangement of domestic space became an ideological question, both for authoritarian and democratic-liberal governments. Rarely is the artist independent – either from the market or from an administrative system – and so the artist's propositions about arranging everyday life are, of course, in part shaped by the system in which he works. The radical experiments of the Soviet constructivists in the 1920s were then developed in the West, in a market economy. These experiments, by contrast, were "forgotten" in the USSR; in a system of total control, such unapproved innovations could not exist.

Дітер Рамс. Універсальна система полиць (1960)
Dieter Rams. Universal Shelving System (1960)

Американська національна виставка у Москві (1959). Фото Томаса О'Геллорана
American National Exhibition in Moscow (1959). Photo by Thomas J. O'Halloran

У 1960-х роках опоненти у "холодній війні" підтримували подібні цінності у дизайні – стриманість, функціональність, демократичність, проте їх продукти разюче відрізнялися якістю. Провідний американський дизайнер Раймон Лоуі стверджував, що "ніхто ще не зміг зробити високодуховні цінності свободи, незалежності та самоповаги фасованим продуктом, який можна було б продати решті світу".

In the 1960s, the adversaries of the Cold War supported similar values in design: stream-lined, functionality, wide-availability, but their products differed significantly in quality. The leading American designer Raymond Loewy declared that "no one has yet been able to make [democracy's] high spiritual values of freedom, liberty, and self-respect a packaged item to be sold to the rest of the world."

"БОРОТЬБА З МОТЛОХОМ"

"FIGHT WITH TRASH"

У новоствореній Країні Рад нестача товарів "народного вжитку" після війни мала бути компенсована новими виробами, за розробку яких взялися художники. На їхню думку, повоєнний вакуум мали заповнити принципово нові форми, які б відповідали "духові часу" та виховували нових громадян молодої країни. У вірші Володимира Маяковського можна відчитати відображення ідеального аскетичного інтер'єру:

> Двоє в кімнаті.
> Я
> і Ленін –
> фотографією
> на білій стіні.

У 20-х роках ХХ століття прототипи меблів, які мали бути впроваджені у масове виробництво, відзначались аскетичністю. Розробляли лише найбільш потрібні предмети інтер'єру, наприклад, стіл, стілець, лампу. Речі були позбавлені інтимності; у кріслах неможливо було розсістися, віддаючись роздумам, відпочинку, курінню чи будь-яким іншим "буржуазним пережиткам". Домашній інтер'єр перетворився на поле бою за "новий побут".

Ініціаторами цієї боротьби були теоретики лівого мистецтва, які виступали за новий тип житла – ідеального революційного дому, який протиставлявся фетишистському сховищу буржуазного комфорту. Аскетичні форми та абстрактні візерунки мали прийти на зміну довоєнній міщанській естетиці. Втім, на практиці попитом у "нещодавно звільнених від гніту самодержавства громадян» користувались "трояндочки і фальбаночки". Аби знищити "контрреволюційні" уподобання та прищепити нові естетичні цінності, радянська преса розгорнула кампанію "боротьби з мотлохом". Людей закликали позбуватися старих речей, проте заповнити порожнечу не було чим – до нових предметів інтер'єру не були готові ані тогочасна промисловість, ані споживачі. Проте у 1930-х роках абстрактні образи авангардистів поступилися місцем більш зрозумілим та традиційним формам соцреалізму.

І. Г. Чашник, тарілка "Супрематизм", порцеляна (1923-1925)
I. G. Chashnik, plate, "Suprematism," porcelain (1923-1925)

М. М. Адамович, тарілка "Хто не працює, той не їсть" з портретом В. І. Леніна за малюнком Н. І. Альтмана, порцеляна (1924)

M. M. Adamovych, plate "He who does not work, does not eat" with a portrait of Vladimir Lenin from a drawing by Natan Altman, porcelain (1924)

In the newly created Land of the Soviets there lacked goods for "the people's use." Destroyed in the war years, these products were to be replaced with new products – and artists eagerly applied themselves to creating them. They believed that the postwar vacuum had to be filled with new forms, which were supposed to answer the "spirit of the times" and to contribute to the education of new citizens of the young country. In the poetry of Vladimir Mayakovsky we can find a representation of the ideal ascetic interior:

> There are two in the room.
> I
> And Lenin –
> With a photograph
> On a white wall.

In the 1920s the prototypes of furniture that were supposed to be introduced into mass production were marked by their asceticism. Only the most necessary objects were produced – tables, chairs, lamps. Objects were deprived of any sense of intimacy; in the chairs you could not really sit in contemplation, enjoy a bit of relaxation, have a smoke, or engage in any other activity that could be construed as a "bourgeois relic." The domestic interior was transformed into a battlefield for the "new everyday life."

The initiators of this struggle were theorists of leftist art. They advocated a new type of housing: the ideal revolutionary home, which opposed any fetishist preservation of bourgeois comfort. Ascetic forms and abstract visions were supposed to replace bourgeois aesthetics. In practice, there was a demand among citizens "recently liberated from the yoke of authoritarianism" for "little rosettes and ribbons." In order to destroy counter-revolutionary tastes and inscribe new aesthetic values in society, the Soviet press spread a campaign about the fight against trash. They urged people to get rid of old objects, and fill the void with whatever possible – neither the industry nor consumers were ready for new interior objects. However, in the 1930s, abstract images of the avant-garde were replaced with more understandable and traditional forms of socialist realism.

Стаття "Що зробила редакція "Комсомольської правди"? Конкретна відповідь на питання, чим замінити домашній хлам", газета "Комсомольска правда" (1928)

Article "What did the editorial board of Komsomolskaya Pravda do? A concrete answer to the question of how to transform domestic rubbish", newspaper "Komsomolskaya pravda" (1928)

"МІЩАНСТВО", "КУЛЬТУРНІСТЬ", "РАДЯНСЬКА ЛЮДИНА"

BABBITRY, CULTURED-NESS, AND "THE SOVIET MAN"

На вікнах – білосніжні занавіски, на столах - скатертини, квіти. З'явилися етажерки з книжками, шафи для одягу, шовкові абажури.

"Общественница" (1936)

At the windows – curtains white as snow, on the tables – tablecloths, flowers, there appeared – a bookshelf with books, wardrobes, silk lampshades.

Obshchestvennitsa (1936)

Якщо 1920-ті роки відзначалися спробами кардинально змінити повсякденне життя, то 1930-ті започаткували поступовий відхід від естетики експериментування. Це означало дрейфування у напрямку цінностей "середнього класу". Лояльним членам суспільства дозволяли облаштовувати приватний простір і користуватися його благами у щоденному житті. "Щасливим обранцям" – згідно з пропагандою, робітникам-передовикам і стахановцям, а направді часто управлінцям – дозволяють перебудовувати свій побут, залучивши до нього модифіковані елементи, які могли б асоціюватися з "середнім класом".

Побутова політика "культурності" була відповіддю на необхідність "цивілізувати" нових мешканців міст і перетворити колишніх селян на лояльних членів радянського суспільства, а також реакцією на появу нового прошарку у радянському суспільстві – адміністративно-управлінських кадрів.

Одним із символів офіційно дозволеної перебудови побуту стає абажур, який набирає популярності у 1930-х роках. Він створює у квартирі, зокрема у вітальні, ефект відокремленого приватного простору. Приватність стає дозволеною. Водночас не зникають звинувачення у "міщанстві" на адресу тих, кого вважають занадто матеріалістичними і сфокусованими на зовнішніх проявах. Культурна радянська людина не лише знає манери поведінки за столом – ввечері при світлі лампи вона читає твори класиків марксизму-ленінізму.

If the 1920s were marked by attempts to radically change everyday life, the 1930s showed a gradual retreat from aestetic experimentation. This meant a tendency towards "middle class" or "bourgeois" values. Loyal members of society were allowed to outfit their private space and enjoy certain benefits in everyday life. "The chosen ones" were, in propaganda, leading workers and Stakhanovites, but in reality they were often government elites. They were allowed to re-outfit their homes to include modified elements of "middle class" everyday life.

The policy of kulturnist', or cultured-ness, in everyday life was an answer to the necessity of "civilizing" the new urban population and transforming former villagers into loyal members of Soviet society, and also enabled the appearance of a new stratum in Soviet society: administrative-government cadres.

С. М. Мартинов – знаний сталевар Запорізького металургійного заводу ім. С. Орджонікідзе "Запоріжсталь" в колі сім'ї, Запоріжжя (1955)

S. M. Martynov, famous smelter from the Ordzhonokidze Zaporizhzhia Metal Factory "Zaporizhstal" pictured with his family, Zaporizhzhia (1955)

One of the symbols of such officially-allowed reconstruction of everyday life was the lampshade – which acquired popularity in the 1930s. It created an effect of a delineated private space in the apartment, often the living room. Privacy was, in a sense, permitted. At the same time, the accusation of "petty bourgeois", or, mishchanstvo did not disappear, and was addressed to those who were considered too immersed in the world of material things. The cultured Soviet person was supposed to not only have proper table manners, but to spend his evenings reading the classics of Marxism-Leninism by lamplight.

Н. Я. Данько "Обговорення Радянської Конституції", порцеляна (1937)

N. Ia. Danko, "Discussion of the Soviet Constitution", porceleain (1937)

П. В. Леонов, сервіз "Красуня", порцеляна (1937)

P. V. Leonov, table set "Beauty", porcelain (1937)

ДЕСТАЛІНІЗАЦІЯ ТА НОВА ЖИТЛОВА ПОЛІТИКА
DE-STALINIZATION AND THE NEW POLITICS OF HOUSING

Обкладинка журналу "Декоративне мистецтво СРСР" (1962)
Cover of the periodical "Decorative Art of the USSR" (1962)

*Ілюстрації до книги
М. І. Барановського
"Сучасна квартира"
(1982)*

*Illustrations to the book
by M. I. Baranovsky,
"The Modern Apart-
ment" (1982)*

Після смерті Сталіна розгорнулась нова "культурна революція", яка взяла за основу ідеї, що побутували у 1920-х роках. Проте вона не займалася проблемами заснування урбанізованого й індустріалізованого суспільства. У зв'язку з новою житловою політикою у радянському суспільстві у 1960-х роках питання облаштування побуту стало ключовим.

За часів керівництва Хрущова знову було оголошену нову війну домашньому "мотлоху" – тепер під це поняття підпадали речі сталінської епохи: плюшеві скатертини, великі абажури, громіздкі меблі. Через численні журнали та книжки з організації домашнього устрою, які почали з'являтись у той час, влада вже не просто рекомендувала, а вказувала, яким має бути побут та інтер'єр радянської людини. Мінімалізм, функціональність і простота стали індикаторами смаку. Статті, у яких вчили, як треба облаштовувати домашній побут, з'явилися навіть у Великій радянській енциклопедії. Втім, війна зі старими меблями мала й практичне підґрунтя – вони просто не вміщалися у хрущовські малогабаритні квартири. Для нових помешкань були розроблені нові типи меблів, легкі й багатофункціональні. На зміну абажурам мали прийти пласкі світильники і торшери, комоди мали поступитися місцем стелажам. Однак на практиці багато розробок так і залишалися лише прототипами, а ті, які таки потрапляли у виробництво, були низької якості. Мешканці переселялись до нових квартир зі старими меблями і старими звичками, часто перетворюючи їх на захаращені помешкання.

After Stalin's death a new "cultural revolution" took place, which took as its basis the ideas that were around in the 1920s. However, this revolution was not burdened with the problems of founding an urban and industrial society. On the background of new housing policies, the question of organizing everyday life became key in Soviet society of the 1960s.

Under Khrushchev the idea of a new war against trash was announced – but this time, by "trash" was meant Stalin-era objects, such as plush tablecloths, large lampshades, cumbersome furniture. Through many magazines and books about the organization of household space, the government authorities not only recommended, but clearly pointed out, how the everyday interior of a Soviet person should look. Minimalism, functionalism, and simplicity became the indicators of taste. Articles instructing how one should arrange one's domestic everyday life appeared even in the Great Soviet Encyclopedia. The war with old furniture had a practical foundation – they simply did not fit into the compact apartments of the Khrushchev era. For new homes, a new type of furniture was produced: light and multifunctional. Table lamps and torchieres replaced the lampshades; cabinets had to replace heavy shelving units. However, in practice many products remained only prototypes, and that which were manufactured were of a low quality. Residents moved to new apartments with their old furniture and old customs, transforming them into the very same cluttered homes.

Ілюстрації до книги М. І. Барановського "Сучасна квартира" (1982)
Поєднання шафи та ліжка як рішення
для малогабаритних квартир.

Illustrations to the book by M. I. Baranovsky, "The Modern Apartment" (1982)
Joining the chest of drawers with the bed offers a solution
for small apartments.

ДИЗАЙН ЧАСІВ "ХОЛОДНОЇ ВІЙНИ"

COLD WAR DESIGN

Дім у повоєнній Європі став символом відновлення та повернення до мирного життя. Спустошений "Старий Світ" потребував базових речей – житла, харчів та товарів побуту. Фінансова допомога США в межах плану Маршала сприяла відбудові європейської економіки та, водночас, була інструментом американізації: до Європи експортувались не лише матеріальні цінності, але й технології та спосіб життя. Водночас, соціалістична Європа відмовилась від допомоги і долала наслідки війни самотужки.

США рекламували себе як надзвичайно спокусливу модель сучасного суспільства споживання, використовуючи для цього різноманітні засоби – від кіно до технологій промислового виробництва. Для того, щоб переконати європейців у перевагах американського способу життя, було проведено низку виставок індустрії товарів для дому. Організацією виставок займався Держдепартамент США та Музей сучасного мистецтва (МоМА) в Нью-Йорку – американці намагались спростувати уявлення про себе як про постачальників примітивної масової культури. Експозицію підбирали відповідно до концепції так званого "хорошого дизайну" – тут переважав функціональний міжнародний стиль, який брав свій початок у традиціях школи Bauhaus, але намагався об'єднати дизайн та комерцію. Окрім того, через виставки транслювалась ідея гармонійного співіснування держав щойно заснованого Північно-Атлантичного Альянсу (НАТО). Для цього до експозиції залучали предмети місцевих виробників.

За часів "холодної війни", дім, на рівні з космосом та спортом, перетворився на одне з полів бою у протистоянні поміж СРСР та США, на якому змагалися дві ідеологічні системи. Кожна сторона намагалась використати простір дому як пропаганду своїх цінностей. Архітектори та дизайнери відігравали ключову роль у протистоянні систем – вони надавали форму та уаочнювали досягнення науки і техніки. І якщо США та Європа далі розвивали свою традицію промислового дизайну, то Радянський Союз у цьому програвав. Радянські конструктори копіювали дизайн опонентів – від меблів до автомобілів. Проте, недолугість предметів побуту СРСР намагався затьмарити "ідеологічними" перемогами в освоєнні космосу та у військовій сфері.

Виставка у Ляйпцигу (1973)
Exhibition in Leipzig (1973)

The house in postwar Europe became a symbol of renovation and a return to peaceful life. The "old world" that had been destroyed desperately needed the basics: housing, food, and everyday goods. The financial help from the United States' Marshall Plan enabled the reconstruction of the European economy and, at the same time, served as an instrument of Americanization; not only material values, but also technology and a way of life, were imported to Europe. At the same time, socialist Europe refused help and overcame the difficult consequences of the war alone.

The United States advertised itself as an exceptionally tempting model of a contemporary consumer society through various methods, from film to industrial manufacturing technology. In order to convince Europeans of the advantage of the American way of life, a series of exhibitions focusing on achievements in the sphere of industrial domestic goods were carried out. The exhibits were organized by the State Department and the Museum of Modern Art (MOMA) in New York City – the Americans tried to simplify the understanding of America as purveyors of simple mass culture. The exhibit selected objects

Виставка в Баден-Вюртемберзі (1966)
Exhibition in Baden-Wuerttemberg (1966)

appropriate for the concept of so-called "good design" – dominated here by the functional international style, which began with the traditions of the Bauhaus, but tried to combine design and commerce. Besides that, the exhibition tried to spread an idea of a harmonious co-existence of governments, specifically, those of NATO, which had just been formed. For this in the exhibit they used the objects of local manufacturers.

During the Cold War the house, like the cosmos and sport, transformed into a battlefield between the USSR and the USA on which these two ideological systems fought. Each side tried to use the home as a way of propagandizing its own values. Architects and designers played a key role in these opposing systems because they gave a form to the achievements of science and technology. And if the USA and Europe continued to develop their tradition of industrial design, the Soviet Union lost this contest. Nothing remained for Soviet builders except to copy the designs of their opponents, from furniture to cars. However, the USSR compensated for troubles with everyday objects with "ideological" victories in the mastery of the cosmos and the military.

IKEA

IKEA

The idea of creating beautiful and functional furniture accessible to a wide circle of consumers appeared in the second half of the 19th century. William Morris, the founder of the Arts and Crafts movement, declared that art and design can change society and improve the quality of life. The members of Deutscher Werkbund and the Bauhaus also worked to create practical and aesthetic furniture. However, quality design and mass production were rarely achieved in the first half of the 20th century – technology was not yet advanced enough to decrease the price, and consumers did not yet appreciate new forms. The slogan, "beautiful, practical and accessible furniture for all!" was truly achieved only in the second half of the 20th century.

Реклама IKEA у паризькому метро (2010)
IKEA advertisement in Paris subway (2010)

Ідея створення красивих та функціональних меблів, які були б доступні для широкого кола споживачів, з'явилася в другій половині XIX ст. Вільям Морріс, засновник Arts & Crafts, стверджував, що мистецтво і дизайн можуть змінити суспільство та покращити якість життя. Над створенням практичних та естетичних меблів працювали учасники Deutscher Werkbund і школи Bauhaus. Проте впровадження якісного дизайну у масове виробництво було метою, яку рідко вдавалося досягнути в першій половині XX століття – на заваді цьому ставала як недосконалість технологій, яка в підсумку впливала на ціну виробу, так і брак розуміння нових форм з боку споживачів. Наблизитись до втілення гасла "Красиві, практичні та доступні меблі для всіх!" вдалося лише у другій половині XX століття.

Магазин IKEA у Польщі
IKEA store in Poland

Компанія IKEA, яка сьогодні є лідером на ринку товарів для дому, зробила доступні ціни та демократичний дизайн основою свого бізнесу. Останні 20 років компанія переживає бурхливий розвиток, активно освоюючи нові ринки збуту. Товари IKEA можна знайти в помешканнях більшості країн світу – навіть у тих, де немає їх офіційних представництв.

У 1970-х роках, коли IKEA почала освоювати ринки в Європі, вона зробила ставку на скандинавський дизайн. Її речі – світлі, нейтральні, прості та функціональні – контрастували з тогочасними типовими інтер'єрами, переобтяженими декорами, що були свідченням міщанського достатку. Окрім того, в меблях IKEA часто вгадувалися ідеї, запозичені у відомих дизайнерів, що, з одного боку, вписувало її інтер'єри у контекст світових тенденцій у дизайні, а з іншого – виливалося у періодичні звинувачення у плагіаті.

Незважаючи на можливість самостійно доопрацьовувати та комбінувати предмети IKEA, її стиль став втіленням стандартності. Однакові товари можна знайти у будь-якому магазині компанії в цілому світі. Каталог IKEA можна відчитувати як путівник з облаштування домашнього життя представника середнього класу і, водночас, він формує уявлення про щоденні практики у цій сфері.

IKEA, today a leader in the market of home products, placed accessible prices and democratic design at the foundation of its business. Over the last 20 years the company has experienced a lively flourishing and actively mastered new retail markets. We can find IKEA's products in the homes of most countries in the world – even those who do not have official IKEA outlets.

In the 1970s, when IKEA began to master the European market, it made a bet on Scandinavian design. Their products – light, neutral, simple and functional – contrasted with the typical interiors of the time, which were overwhelmed with décor testifying to a wealthy income. Besides that, IKEA furniture often recalls ideas borrowed from famous designers. On the one hand, this means that IKEA places their interiors in the context of global trends in design, but on the other hand, this means that IKEA is occasionally accused of plagiarism.

Despite the possibility of assembling and combining IKEA products according to our own wishes, the IKEA style has become an expression of standardization. We can find similar products in any store all over the world. We can read the IKEA catalog as a guide book to the domestic life of a representative of the middle class – and at the same time, the catalog itself shapes our ideas of these everyday practices.

Світильник MASKROS виробництва IKEA
MASKROS pendant lamp, IKEA

КРІСЛО: МАСОВІСТЬ ПРОТИ ЕЛІТНОСТІ

THE CHAIR: MASS VS ELITE

Кожна по-справжньому оригінальна ідея, кожна інновація в дизайні, кожне нове використання матеріалу, кожне нове технологічне вирішення для меблів знаходили своє втілення у кріслі.

Джордж Нельсон

Every truly original idea – every innovation in design, every new application of material, every new technical invention for furniture – seems to find its most important expression in the chair.

George Nelson

За останні 150 років еволюція крісла йшла паралельно з розвитком архітектури, технології та суспільних змін. Окрім технічних вирішень оптимальної позиції для сидіння, крісло проектували з думкою про символічний зміст, естетику та моду.

Більшість крісел, які використовують у домашньому інтер'єрі – це продукти для масового споживача. Їх дизайн переважно є консервативним, а інновації здебільшого стосуються здешевлення виробництва. Проте, майже у кожному серійному кріслі можна помітити елементи, запозичені з авангардного дизайну. Свої ідеї дизайнери поширюють за допомогою виставок, спеціалізованих видань, а також за рахунок використання новаторських рішень у громадських місцях.

Багато дизайнерів замість того, щоб підлаштовуватись під реалії ринку та особливості масового виробництва, воліють працювати поза індустрією і творять для невеликого кола поціновувачів.

Меблі для балкону та лоджії, ілюстрація до книги М. І. Барановського "Сучасна квартира" (1982)
Furniture for the balcony and loggia from an illustration to a book by M. I. Baranovsky, "The Modern Apartment" (1982)

Кольорові стільці на Меблевому салоні в Мілані (2009)
Colored chair exhibit at a furniture salon in Milan (2009)

For the last 150 years the evolution of the chair has paralleled the development of architecture, technology and social changes. Aside from the technical solutions for the optimal position for sitting, the chair has projected ideas of symbolic content, aesthetics and fashion.

The majority of chairs in domestic interiors are products for mass consumption. Their design generally is conservative, and innovations mostly consist in lowering the manufacturing cost. However, in almost every chair one can see elements borrowed from avant-garde design. Innovative design ideas diffused in society with the help of expositions, specialized publications, and also by using avant-garde solutions.

Many designers, instead of accomodating to the reality of the market and mass production, prefer to work outside industry and create only for a small circle of appreciative admirers.

Чарльз Ренні Макінтош "Хілл Хаус 1", 1903

Чарльз Ренні Макінтош був одним з яскравих представників Art Nouveau – напрямку, який вперше відкинув історичні стилі. "Hill House 1" він створив для будинку родини шотландського видавця. Крісло з чіткими геометричними обрисами та видовженою спинкою мало виконувати абсолютно декоративну функцію.

Charles Rennie Mackintosh, Hill House 1, 1903

Charles Rennie Mackintosh was one of the primary representatives of Art Nouveau – a movement that first disregarded historical styles. Hill House 1 was created for the home of a Scottish publisher. The chair, with its sharp geometric shapes and long, high back, was supposed to fulfill a perfectly decorative function.

Ґерріт Рітвельд "Червоно-синій стілець", 1918-1923

Ґерріт Рітвельд задумував кожен предмет умеблювання як ідеальну абстрактну композицію ліній та площин. "Червоно-синій стілець", створений під впливом творчості Піта Мондріана, став одним із програмних творів художньої групи "Стиль". Він є радше маніфестом нової естетики, аніж предметом інтер'єру, трансформацією традиційного масивного фотеля у геометричну площину.

Gerrit Rietveld, Red and Blue Chair, 1918-1923

Gerrit Rietveld conceived of each object of furniture as an ideal abstract composition of lines and space. "Red-and-blue-chair", created under the influence of the art of Piet Mondrian, became one of the programmatic works of the artistic movement, Style. This chair is not really an object of the interior, rather a manifest of a new aesthetics: a transformation of a traditional chair into geometric space.

КРІСЛО: МАСОВІСТЬ ПРОТИ ЕЛІТНОСТІ

THE CHAIR: MASS VS. ELITE

Міс Ван дер Рое "MR 20", 1927

У середині 20-х років XX століття улюбленим матеріалом авангардних дизайнерів став метал. Легкі форми, що виразно контрастували з тогочасними важкими меблями, відображали новий ідеал в архітектурі та дизайні: інтер'єр, залитий природнім світлом. Вигнута конструкція та відсутність традиційних ніжок створювали ефект "сидіння в повітрі". Модель MR 20 архітектор Міс Ван дер Рое створив для виставки Weissenhof у Штутгарті. Незважаючи на те, що схожі моделі були й у інших проектантів, крісло Ван дер Рое стало найвідомішим зразком модерністського дизайну того часу.

Mies Van Der Rohe, MR 20, 1927

In the middle of the 1920s, metal became the most beloved material of avant-garde designers. Light forms, which sharply contrasted with the heavy furniture of the time, reflected a new ideal in architecure and design: the interior flooded with natural light. With its sleek curved lines, the chair created the effect of "sitting in air." The Model MR20 of architect Mies Van Der Rohe was created for the Weissenhof exhibition in Stuttgart. Despite the fact that other designers were exhibiting similar designs, Van der Rohe's chair became the most celebrated example of the modernist design of the new times.

Алвар Аалто "Крісло № 41 Пайміо", 1930

Крісло фінського дизайнера Алвара Аалто поєднує функціональні ідеї Баухаусу зі скандинавською ремісничою традицією та відчуттям єдності з природою. Крісло №41 було створене для санаторію в Пайміо, для якого Аалто також розробляв планування і дизайн інтер'єрів. Завдяки плавним лініям та заокругленим викінченням спинки й сидіння, крісло створило новий стандарт зручності, до того часу недосяжний для виробів з дерева. Модель також добре надавалась до серійного виробництва. Сьогодні мотиви цього крісла можна простежити у моделі POANG, яку продає IKEA.

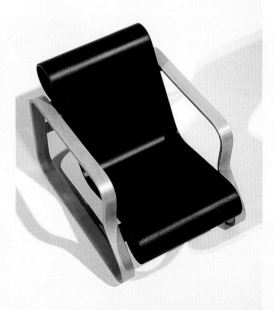

Alvar Aalto, Art. 41 Paimio, 1930

The chair of the Finnish designer, Alvar Aalto, combines the functional ideas of the Bauhaus with the Scandinavian artisan tradition and feeling of being one with nature. Chair #41 was created for the Paimio sanatorium, where Aalto also did the design of the landscape and interior. Thanks to the flowing lines and curved reclined back, the chair created a new standard of comfort – which had up to that point not been achieved with wooden chairs. The model also was easily mass produced. Today, we can identify the features of this chair in the POANG chair produced for IKEA.

Вернер Пантон "Крісло Пантона", 1959-1960

У 1960-х роках під впливом поп-культури дизайн меблів відійшов від функціоналізму. Нові синтетичні матеріали дозволили дизайнерам облишити традиційні уявлення про меблі та експериментувати з формою і кольором. Одним з найяскравіших представників нового напрямку був Вернер Пантон. Він першим створив крісло без традиційних ніжок з суцільного шматка формованого пластику. Проте, щоб втілити свою ідею в життя, Пантону знадобилося сім років.

Werner Panton, Panton Chair, 1959-1960

In the 1960s, under the influence of pop culture, furniture design moved away from functionalism. New synthetic materials allowed designers to experiment more with form and with color. One of the sharpest examples of this new direction was Werner Panton. He was the first to create a chair without traditional legs, from one piece of plastic. However, it did take Panton seven years to realize his idea.

Ееро Аарніо "Крісло-куля", 1965

Проста форма та яскраві кольори зробили крісло-кулю фінського дизайнера Ееро Аарніо одним із символів оптимістичних 1960-х. "Космічний" дизайн дозволяв створити окремий, відділений від решти кімнати простір. Ззовні сфера здавалась футуристичною та холодною, проте зсередини була м'якою і затишною. Обертаючись, з неї можна було оглядати навколишній простір, зберігаючи певну відокремленість. Крісло-куля Аарніо презентує нові домашні об'єкти, що перебувають на межі дизайну меблів та архітектури.

Eero Aarnio, Ball Chair, 1965

The simple form and the bright colors made the ball-chair of Finnish designer Eero Aarnio one of the symbols of optimistic 1960s. The "cosmic" design created a space that was separate, removed from the rest of the room. The outside of the sphere appeared futuristic and rather cold, but inside the chair was warm and cozy. From the inside of the chair you could look out and observe the space around you – while keeping a safe remove. The ball-chair of Aarnio was a new kind of domestic object, located on the edge of design and architecture.

THE CHAIR: MASS VS. ELITE

Френк Ґері "Звивисте крісло", 1972

У 1960-х роках картон, на рівні з пластиком, розглядався як один з альтернативних – дешевих та легких – матеріалів для меблевого виробництва. Архітектор Френк Ґері розробив серію картонних меблів, яка за короткий час стала настільки популярною, що автор був змушений невдовзі зняти їх з виробництва. Він вважав, що слава дизайнера дешевих меблів може завадити реалізації його архітектурних проектів.

Frank Gehry, Wiggle Side Chair, 1972

In the 1960s hardboard, like plastic, was considered one of the alternative materials for furniture production—it was cheap and light. Architect Frank Gehry produced a series of hardboard furniture, which quickly became so popular that the creator had to soon remove them from production. He believed that his fame as a designer of cheap furniture could harm the development of his larger architectural projects.

Рон Арад "Добре темпероване крісло", 1986

Рон Арад є одним із найпродуктивніших дизайнерів сучасності. У "Добре темперованому кріслі" традиційна форма солідного крісла втілена у несподіваному матеріалі – листовому металі. Модель від початку не була призначена для масового тиражування – було виготовлено лише 1000 копій цього крісла. Воно також є одним з перших прикладів постіндустріального дизайну – звільнившись від необхідності враховувати нюанси масового виробництва, дизайнери зосередились на виготовленні сміливих проектів для певної цільової аудиторії.

Ron Arad, Well-tempered Chair, 1986

Ron Arad is one of the most productive designers today. In "the well tempered chair", the traditional form of the solid chair appears in an unexpected material: sheets of metal. The model at first was not marked for mass production – only 1000 copies of this chair were created. This chair is also one of the first examples of post-industrial design. Freed from the necessity of accounting for the subtleties of mass production, designers could focus on the production of bold projects for a certain audience.

КОРИДОРИ
І ДОДАНІ ПРОСТОРИ

HALLWAYS
AND ADDED SPACES

КОРИДОР І СХОДОВА КЛІТКА

THE CORRIDOR AND THE STAIRCASE

Разом зі сходовою кліткою, коридор належить до того простору, що розміщується між входом до будинку та вхідними дверима до приватного помешкання. Тому ця "зона" вважається напівприватною чи напівпублічною. Доступ до цього простору обмежений, сюди можуть потрапити люди, які мають формальне (юридичне – наприклад, власники) чи неформальне (соціальне – наприклад, гості) право такого входу. У минулому ці простори між приватним та публічним відігравали важливу роль у системі соціальної комунікації всередині спільноти дому. Технологічні зміни і загальний соціальний розвиток суспільства у XX сторіччі спричинилися до більш вузького розуміння приватності – принаймні у західних спільнотах, – зменшуючи роль напівприватних просторів. У 1990-х роках навіть почали використовувати термін "гніздування", який описував практику все більшого відокремлення людей у своєму помешканні та уникання соціальних контактів.

Along with the "entrée" and the stairway, the corridor belongs to those areas in a building that are located between the entrance door and the door to the private apartment. They are therefore considered to be spaces of a semi-private (or semi-public) nature. Access to these areas is restricted to people who have some right of a formal (legal, for example as owners) or non-formal (social, for example as guests) kind within the house. Previously these spaces between public and private played an important role as areas of social communication within the household community. Technological changes, as well as general social development in the 20th century, have created a stricter understanding of privacy in Western societies, and consequently diminished the social significance of semi-private spaces. In the 1990s the term "cocooning" emerged – to describe the trend of minimizing social contact by retreating into the private space defined by one's own four walls.

Поштові скриньки у Талліні
Mailboxes in Tallinn

Сходова клітка будинку у Львові. Фото Андрія Боярова
Staircase in Lviv. Photo by Andriy Boyarov

ВИХІД / ВХІД

EXIT / ENTRANCE

Простір, який вітає нас при вході в помешкання і крізь який з нього виходимо, ми звично називаємо коридором. Британці називають це місце в домі "холом", а французи використовують назву "фойє", яка закріпилася щодо офіційних чи публічних установ у багатьох країнах світу. Історично це місце в домі чи квартирі ще називають "вестибюлем", "рецепцією", "сіньми", "передпокоєм", "тамбуром", "ґанком", "рундуком" та іншими термінами, які мають на меті окреслити кімнату чи простір, що від моменту входження в квартиру задає настрій усього житла.

The space welcoming us at the entrance to a home, and through which we must cross as we leave a home, we call this space the corridor. The British call this space the "hall", and the French use the term "foyer" which is now also used for the corridor in official or public buildings in many countries of the world. Historically this space in a house or apartment was called the vestibule, the reception hall, the porch, the entryway, the lobby, or other terms intended to delineate the room or space that from the moment of entering an apartment sets the mood for the entire home.

Холл вілли Сен-Сір, Франція.
Фото Ліонеля Аллоржа

Villa Saint Cyr hall in Bourg-la-Reine, France.
Photo by Lionel Allorge

Тут ми залишаємо верхній одяг, щоб захистити дім від бруду, і саме тому тут розміщуються різні пристосування для чищення одягу і взуття, дзеркало, шафа і т. д. У передпокої ми відкидаємо свою соціальну маску і вдягаємо домашні тапочки – це транзитна зона, що сполучає публічне та приватне, хоча остаточний перехід у "домашність" відбувається у спальні чи ванні. Можливо, в Україні популярним стало окреслення передпокою як коридору саме тому, що це місце в домі безпосередньо пов'язане із публічним коридором, куди ми виходимо після останнього погляду у дзеркало, що зазвичай висить біля вхідних дверей. Тут ми зустрічаємо гостей, саме у фойє остаточно перетворюємося на подобу того, ким нас вважають сусіди чи співпрацівники. Це місце постійного домашнього ритуалу перетворення "приватне-публічне", яке залишається значимим і в модернізованому суспільстві сьогодення.

It's here that we take off our outer clothing, in order to keep the home neat and clean, and it's here that we keep various items to clean our coats, our shoes, here we have a mirror, a closet, etc. In the entryway we leave off our social mask and we put on our household slippers – it's a transit zone, which links the public and the private, although the final step into the home might take place in the bedroom or the bathroom. Maybe, in Ukraine it became so popular to delineate the space of the entryway as a corridor precisely because this is the space in the home immediately connected with the public hallway, where we go right after the final glance in the mirror, which normally hangs right by the entryway doors. Here we greet guests, here in the foyer is where we transform into the person we need to be for our neighbors or our co-workers. This is a place of the continuous household ritual of the transformation of private-public, which remains significant in today's modernized society.

Ліфт

Розвиток будинкових технологій свідчить про постійну трансформацію розуміння приватності та публічності. Сьогодні ліфти, які належать до публічної сфери дому, сприймаються виключно як функціональне устаткування, натомість на початку XX сторіччя їх часто прикрашали абажурами, лавками і навіть килимами, щоб підкреслити відчуття домашності ще перед тим, як перед вами відчиняться двері власного помешкання.

Elevator

The development of construction technology testifies to the continual transformation in the understanding of private and public space. Today, we think of elevators as simply an efficient method of transport. At the turn of the 20th century, however, they were often furnished with lamps, benches and even carpets – thus conveying a feeling of home before one even opened the door to one's own four walls.

Двері ліфта у панельному будинку в Талліні
Elevator doors in an apartment building in Tallinn

МІЖ СХОДОВОЮ КЛІТКОЮ ТА ПЕРЕДПОКОЄМ

BETWEEN THE STAIRCASE AND THE ENTRANCE HALL

Що формує відчуття "внутрішнього" та "зовнішнього" у просторовій організації дому? Де ми переступаємо поріг "публічного" та "приватного"? Відповідь не є очевидною і відрізнятиметься у різних ситуаціях. У минулому розділення на приватне та публічне не було таким зрозумілим, як сьогодні. Транзитні зони творили сфери соціальних контактів, які поступово зникли із приватизацією домашності. Прикладом може бути громадський умивальник, який розміщувався в коридорах дохідних будинків до того часу, поки воду не почали проводити в приватні помешкання. Почасти навколо цього умивальника відбувалися події, як от прання, які перетворювали коридор на місце соціальної взаємодії. Тут також поширювалися новини та чутки.

What constitutes "outside" and "inside" within the spatial setting of a building? Where do we cross the threshold from "public" to "private"? The answer is not obvious and varies from case to case. Previously the borders between private and public space were not as clear-cut as today. Transitional zones created spheres of social contact that have disappeared in the modern world of privatized domesticity. An example is the bassena, a small water-fountain located in the corridors of tenement buildings before water supply became available in individual flats. Around the bassena, for example, inhabitants did their laundry (a private act) in a public (or semi-public) environment. As terms like "bassena-gossip" indicate, these were also places of social encounter and interaction.

Громадський умивальник зі Львова.
Експонат виставки "Дім: Століття змін"

Bassena from Lviv.
From the exhibition "Home: A Century of Change"

Комунальна квартира – не тільки простір реального (або напівреального, як це починає здаватися в історичній перспективі) проживання справжніх людей, а й певна постійна модель. Побутова, освітня, етнічна і навіть, якщо завгодно, станова багатоукладність комунальної квартири, радше, ріднила її з середньовічним містом. Так само тісно. Та сама регламентованість побуту. Тут також є ринкова площа – кухня, де здійснюється товарний та інформаційний обмін. Соборна площа – теж кухня. Роль собору виконує невгамовний репродуктор. Вічно зіпсований водогінний кран за сумісництвом виконує роль міського фонтану. Є головна вулиця – коридор. Упоперек нього так само протягнуті мотузки зі шкарпетками і кальсонами.

Лев Рубинштейн "Домашнее музицирование", 1987

The communal apartment – it's not only a space for real (or half-real, as it seems to be in historical perspective) living of real people, but also a certain eternal model. The household, educational, ethnic and even, if you will, estate multi-layered-ness of the communal apartment hardly separates it from a town of the Middle Ages. The same density and closeness. The same reglamentation of everyday life. There is also a market square here – the kitchen, where the exchange of information takes place. The kitchen is also Cathedral Square. The role of the cathedral is filled by the tireless loudspeaker. The water-supply valve – forever broken – also fills the role of a local fountain. There is a main street – the corridor. Across it can be stretched lines for hanging socks and underwear.

Lev Rubinshtein, Household Music-Making, 1987

*Коридор комунальної квартири,
Санкт-Петербург (1997)*
The hallway in a communal apartment,
St. Petersburg (1997)

Передбанник

У радянських багатоквартирних помешканнях, особливо у будинках 1980х років, проектувалися спеціальні спільні передпокої – коридори громадського користування, або тамбури, які безпосередньо виходили на сходову клітку чи до ліфта. Типовою практикою стала поступова приватизація цього простору сусідами від розміщення речей мешканців квартир до встановлення дверей і обмеження доступу усім "непрошеним" відвідувачам будинку. Всередині закритого передпокою існувала особлива ієрархія організації простору сусідами, часто він слугував другим балконом, стаючи місцем розташування старих меблів, ковзанів чи велосипедів.

The Peredbannyk

In multi-story Soviet buildings, especially in the buildings of the 1980s, special communal entryway rooms were designed – these were hallways for communal use, or small communal spaces right across from the stairways or the elevators. Generally, these spaces were privatized by the apartment-dwellers surrounding them. Inhabitants built doors, for example, to shut off access to the entryway room to uninvited guests of the building. Inside the closed-off entryway room there existed a certain hierarchy of organization among the neighbors. Often this space werved as a second balcony, a space for keeping old furniture, ice skates, or bicycles.

Громадське світло

Коридор спільного користування – це місце постійної "боротьби за світло", оскільки тут розміщуються спільні вимикачі та жарівки. Зіпсута лампочка стає надовго полем дискусії про те, "хто винен і як жити далі", а написи "выходя, гасите свет" для радянської людини має чітку асоціацію зі спільним, себто публічним коридором чи приміщенням. Оскільки компанії (ЖЕКи), які обслуговували житло в СРСР, не поспішали змінювати зіпсуті лампочки, то це ставало вимушеним обов'язком мешканців і перетворювалося у певний ритуал та міф будинку.

Public light

The public corridor is a place of constant "struggle for light," because it's where various switches and bulbs are located. A broken light-bulb becomes a battleground of discussion about "who's to blame and how can we live" – and the sign "When leaving turn out the light!" has specific associations, for a Soviet person, with the communal, that is, public, space of the corridor or hallway space. Since the company (called ZHEK), which serviced the housing sector in the USSR, never rushed to change broken lightbulbs, this frequent occurrence became a required responsibility of the building's inhabitants and became a certain ritual in the myth of the building.

Плакат часів Першої світової війни Колса Філіпса "Світло споживає вугілля. Економте світло, економте вугілля. Адміністрація палива Сполучених Штатів" (1917)

World War I poster by American illustrator Coles Phillips. "Light consumes coal. Save light, save coal. United States Fuel Administration" (1917)

КОРИДОРИ І ДОДАНІ ПРОСТОРИ ■

■ HALLWAYS AND ADDED SPACES

Транзитність коридору між житловими кімнатами, кухнею, ванною та зовнішнім світом із часом виробила його новий статус. Коридор набув вигляду та функції передпокою. Такий коридор став місцем, де могли щільно стояти великі шафи з антресолями, що виконували роль комірчин для хатнього реманенту: пилосос, мітли, швабри, щітки, слюсарські та столярські приладдя тощо. На окремому столику тут стояв стаціонарний телефонний апарат. Обов'язковим атрибутом цього приміщення було дзеркало, зазвичай трюмо. Дзеркало мало бути досить великим, щоб перед виходом у "зовнішній світ" мешканці могли детально себе оглянути й додати завершальних штрихів своєму вигляду. Як правило, дзеркало, разом із різноманітними меблями, становило своєрідний комплект, до якого входили різні шафки та шухляди для взуття, засобів догляду за ним та окремих речей особистої гігієни. Поруч із дзеркалом розташовувався вмонтований або окремий вішак для верхнього одягу із поличками для головних уборів вгорі та для хатніх пантофлів внизу. Останнім елементом передпокою був кошик для парасоль, який для зручності стояв поруч із вхідними дверима.

As a transition space between the household rooms, the kitchen, the bathroom, and the outside world, the corridor with time acquired a new status – the look and function of an entryway. Such a corridor became a place, where we could squeeze in enormous cupboards with drawers and closets that could hold all sorts of household implements: vacuum cleaners, brooms, mops, brushes, and plumbing and carpentry accoutrement. A telephone stood on a separate little table. Of absolute necessity to this space was a mirror. The mirror had to be large enough in order that household members could look themselves over and give last little fixes to their appearances before embarking into the outside world. As a rule, the mirror, together with the various hallway furtniture, became a sort of set, comprised of various little cupboards and drawers for shoes, polishes and brushes to care for them, as well as implements for personal hygiene. Next to the mirror stood a coatrack with hooks for hats and shelves for house slippers. The final element of the entryway was the basket for umbrellas, which stood next to doors of the house for comfort.

Коридор львівської квартири
Corridor in a Lviv apartment

Телефон

Телефон – один із перших прикладів того, як науковий прогрес змінив наше домашнє життя. Електричне освітлення розмило межі дня та ночі, а телефонний зв'язок розмежував приватне та публічне життя. Дослідники ставлять непомітний телефонний апарат в один ряд з такими грандіозними винаходами як залізниця та автомобіль, бо це технології, які значно розширили наш простір. Можливість спілкування на далекі відстані вже з середини XIX століття забезпечував телеграф. Однак він використовувався переважно у державній та комерційній сфері. Натомість телефон зайняв важливе місце і в домашньому побуті. На початку XX століття побоювалися, що телефон, розширюючи межі комунікації, приведе до занепаду зв'язків між близькими людьми. Але сталося навпаки: домашній телефон використовується радше для спілкування з членами родини та друзями. Приватне життя теж більше виграло, ніж втратило. Адже телефонний дзвінок становить менше втручання у нашу приватність, ніж фізичний візит.

Експонат виставки "Дім: Століття змін"
From the exhibition "Home: A Century of Change"

Чергові радикальні зміни у сфері спілкування принесло поширення мобільних телефонів. "Мобілка" не лише повністю відокремила географічне місце від соціального, а й сприяла виникненню нових культурних та соціальних норм, нових типів поведінки. Прикладом максимальної свободи у спілкуванні є текстові СМС-повідомлення. Вони порушують приватність ще менше, ніж телефонні дзвінки – не вимагають негайної відповіді і, що деколи є важливим, приховують емоційний стан.

The telephone

The telephone is one of the earliest examples of technological progress changing our domestic life. Electric lighting muddled the boundaries between day and night, and telephone communication shifted the limits between the private life and the public. Some scholars equate the influence of the seemingly humble telephone to that of the railway and the car – two technologies that drastically widened our spatial scope. The possibility of communicating over long distances was provided by the telegraph from the mid-nineteenth century. However, this invention was used mostly in the state and commercial spheres, while the telephone took an important place in the domestic life. An early-twentieth century fear was that, by extending the scope of communication, the telephone would bring about a decline in domestic intimacy. In fact, the telephone had rather the opposite effect – the home telephone was used to communicate more frequently with family members and friends. The private life also had more gains than losses to show for the introduction of the telephone. After all, a phone conversation is less intrusive on individual privacy than a physical visit. A new wave of radical change was inaugurated by the dissemination of mobile phones. The cell phone not only introduced a complete separation between the geographical, and the social space, but also promoted new cultural and social norms, and new types of behavior. The maximum extent of freedom in communication is exemplified by text messages. These are less intrusive on the personal privacy even than phone calls, demanding no immediate answer, and, significantly, hiding the texter's emotional condition.

Тапочки

Зміна взуття при вході до будинку чи помешкання належить до давніх культурних практик, поширених у багатьох країнах світу. Ця практика підкреслює відмінність кімнати, водночас як простору чистоти і затишку. Зняти взуття після важкого робочого дня означає повернення додому. Гість, якого запрошують зняти взуття, розуміє, що його приймають у домівці. Звісно, зміна взуття може мати різне значення. У минулому ця практика сигналізувала належність до робітничого класу. Багато людей сьогодні вважають, що бруд, принесений знадвору, становить меншу небезпеку, ніж ризик застудитися, коли ходиш вдома лише в капцях. З просторового огляду, взуття із вуличного на домашнє змінюють у передпокої, коридорі чи фойє – тобто у сфері домашнього. Однак в інших культурах цей проміжний простір без меблів чи опалення лежить поза домом. Скажімо, у Японії, взуття змінюють перед входом до домівки. Крім цього, у японських родинах прийнято одягати окремі капці для відвідин туалету, бо цей простір також відокремлено від чистого і недоторканого осереддя приватного простору.

Slippers

Changing footwear when entering a house or apartment is an old and widespread cultural practice in many parts of the world. It accentuates the distinctiveness of the interior both as a space of cleanliness and a space of relaxed privacy. Taking off your shoes after a long day of work means that you are finally home. For a guest the invitation to take off one's shoes signifies acceptance into the home. Of course, changing footwear can have a variety of meanings. In the past removing one's shoes meant belonging to the working classes. Today some people consider dirt tracked in from outside less of a danger than catching cold from wearing only slippers inside the house. In spatial terms the change from outdoor to indoor shoes takes place in the anteroom, hallway or foyer, that is, within the perceptible sphere of domesticity. In other cultures, however, this transitional area still belongs to the outside zone, unheated and unfurnished. In Japan, for instance, you change your shoes before even entering the home. Japanese families also put on special slippers to go to the toilet – which they also separate from the clean and sacred center of their private space.

Експонати виставки "Дім: Століття змін"

From the exhibition "Home: A Century of Change"

ПЕРЕДПОКІЙ КВАРТИРИ

THE ENTRYWAY

Порохотяг FAMULUS, виробництва Австрії, 1950-х років. Експозиція виставки "Дім: Століття змін"

FAMULUS vacuum cleaner, made in Austria, 1950s. From the exhibition "Home: A Century of Change"

Порохотяг

Спеціальні пристрої для очищення дому від пилюки з'явилися ще в середині XIX ст. В країнах Заходу існувало кілька видів запатентованих порохотягів. Але усі вони були ще дуже дорогими, громіздкими й малоефективними. Користувалися ними окремі представники вищих класів, налякані заявами лікарів про шкідливість пилу. Електрифікація домівок у першій половині XX ст. впровадила у побут чимало нових пристроїв, однак до порохотяга як масового продукту черга дійшла лише після Другої світової війни. Цьому сприяло зростання популярності килимових покриттів, які було дуже важко вичищати звичайними щітками. Порохотяг також дозволяв домогосподаркам, які позбулися допомоги слуг, залишатися елегантними, навіть при прибиранні кімнат. Завдяки зручній конструкції пристрою господиня могла легко очистити від бруду та пилу усі закутки – не лише килими.

Знайому всім радянським людям "ракетоподібну" форму порохотяга придумали інженери шведської фірми "Electrolux" ще у 1920 році. Класичними вже стали також круглі порохотяги фірми "Hoover". Дизайн порохотягів не змінювався практично вже ціле століття. Однак мініатюризація технологій та покращення батарей, імовірно, вже незабаром призведе до появи в наших домівках якісно нових пристроїв для ліквідації пилу – автономних та роботизованих.

Vacuum cleaner

Special appliances for cleaning the home from dust first appeared as far back as the nineteenth century. Several types of patented vacuum cleaners existed in the countries of the West. However, all of these were very expensive and difficult to use, due to their bulk or low efficiency. These appliances were used by some members of the higher classes, frightened by doctors' pronouncements on the harmful effects of dust. Electrification of households in the first half of the twentieth century introduced the use of many new household appliances, however mass production of vacuum cleaners did not begin until after the Second World War. This was brought about, among other things, by the upsurge in popularity of carpeting, which was difficult to clean by means of regular brooms. The vacuum cleaner also allowed housewives, who no longer availed themselves of servants, to remain elegant even while cleaning rooms. The convenient build of the appliance allowed the lady of the house to clean not only the carpets, but all corners of grime and dust.

The "rocket-shaped" vacuum cleaner design, familiar to all residents of the former Soviet Union, was developed by engineers of the Swedish-based Electrolux company, as early as in 1920. Another classic design was that of the round Hoovers. Vacuum cleaner designs have remained unchanged for almost a century. However, the minituarization of technology, and improvements in batteries is likely in the near future to introduce into our homes new types of vacuum cleaning appliances – autonomous and robotized.

Окрім коридорів, передпокоїв, сіней, тамбурів, ґанків, у структуру приватного помешкання можуть входити ще балкони, лоджії чи веранди. Слово «балкон» походить від пізньолатинського balcus (балка) і найчастіше означає майданчик з огорожею на верхньому поверсі будівлі. Веранда – це теж балкон, тільки перекритий дашком і більшого розміру. Слово «веранда» запозичене з англійської мови, куди потрапило з хінді – «барам да» (балкон, галерея). Красиве слово «лоджія» прийшло до нас з італійської. Функція лоджії така сама, як у балкона і веранди, але архітектурна прив'язка інша: лоджія не є зовнішньою прибудовою на стіні, а заглиблюється у фасад будівлі. По суті – це ніша. Як правило, у лоджії один бік відкритий назовні, що дає змогу милуватись довколишніми краєвидами. Ось чому квартири чи будинки з нішею у фасаді викликають неприховану заздрість тих, хто позбавлений можливості володіти таким досконалим житлом.

In addition to corridors, hallways, passages, and porches, the structure of a private residence can also include balconies, loggias, and verandas. The word «balcony» originates from the late Latin balcus (beam), and most frequently means a fenced-off platform at a building's upper level. A veranda is also a balcony that is larger and covered with a roof. The word is borrowed from the English language, which took it from Hindi varanda (balcony, gallery). «Loggia» comes from Italian. The function of a loggia is identical to that of a balcony or veranda, but its architectural role is different: a loge is not an external annex on the wall, but rather delves into the building's facade. In essence, it is a niche. The outside-facing side of the loge is usually open, which affords the opportunity of admiring the surrounding view. For this reason apartments or buildings with niches in their facades provoke envy among those not fortunate enough to own such perfect residences.

Балкони у Битомі, Польща. Фото Андрія Боярова (2010)
Balconies in Bytom, Poland. Photo by Andriy Boyarov (2010)

БАЛКОНИ, ЛОДЖІЇ, ВЕРАНДИ
BALCONIES, LOGGIAS, VERANDAS

В Україні люблять будинки з балконами або лоджіями: квартиру без таких доданих просторів вважають не зовсім "повноцінною". Зрештою, наші домовласники полюбляють самі склити свої балкони, лоджії чи веранди. Популярність засклених лоджій і балконів призвела до того, що в деяких містах скління доданих просторів одразу закладається в проекти житлового будівництва. Причини масового скління різні, наприклад, бажання розширити корисну площу квартири, поліпшити теплозбереження, потреба у додатковій коморі тощо. Проте в історичних містах самодіяльне скління викликає стурбованість, оскільки псує оригінальні фасади. Навіть балкони радянських багатоповерхівок, заскленні хаотично і невпорядковано, можуть руйнувати візуальні симетричні ритми будівель, що становлять важливу частину генерального плану.

Buildings with balconies or loggias are popular in Ukraine; an apartment that does not feature such added spaces is considered less than "complete." Homeowners like glazing their balconies, loggias or verandas themselves. The popularity of glazed loggias and balconies led to glazing of added spaces being included into residential construction projects from the start. The reasons behind widespread glazing vary, and could include, for instance, the desire to expand an apartment's useable space, improve heating efficiency, or add a storeroom. Arbitrary glazing in historic cities, however, is a cause of concern, as it may spoil original building facades. Even balconies of Soviet-era multi-story buildings, glazed chaotically and haphazardly, can ruin the symmetrical visual rhythms of these structures, which constitute an important component of the general plan.

Заскленні балкони у Запоріжжі.
Фото Андрія Боярова (2010)
Glazed balconies in Zaporizhzhia.
Photo by Andriy Boyarov (2010)

Вид на дахи Стразбурга.
Фото Філіпа Але
Roof view in Strasbourg.
Photo by Philippe Alès

МАНСАРДИ ТА НАДБУДОВИ
MANSARDS AND SUPERSTRUCTURES

Слово "мансарда" пов'язане з ім'ям знаменитого французького архітектора XVII ст. Франсуа Мансара. Французькі архітектори і раніше використовували високі дахи для влаштування в них житлових приміщень, проте Мансар переважно використовував їх задля досягнення декоративних ефектів. Архітектор встановлював на дахах красиві вікна і перетворював горища в апартаменти. Згодом ідея отримала широке поширення в Парижі – стало навіть модно мати житлову мансарду. Міська влада Парижа збирала податки з домовласників залежно від поверху, а оскільки горище поверхом не вважалося, то грошей за нього не брали.

The word "mansard" is connected with the name of the famous seventeenth-century French architect Francois Mansart. French architects had used high roofs previously in order to organize living space; however, Mansart used them primarily for decorative effect. The architect would install pretty windows in the roofs, and turn attics into apartments. This idea soon became widespread in Paris, and having a residential mansard became a fashion. The Paris city authorities collected tax from homeowners depending on the story in which they lived, and since the attic was not considered a separate story, it was exempt from tax.

МАНСАРДИ ТА НАДБУДОВИ
MANSARDS AND SUPERSTRUCTURES

Будинок фонду Тейлора з лофтом для митців на останньому поверсі, Париж
House of the Taylor foundation with loft for artist on the top floor, Paris

У другій половині XX ст. в забудові міст переважали будинки із пласкими перекриттями, а оскільки облаштування нежитлового горища було трудомістким і дорогим, то у "старих" будинках мансарди не створювали. Лише наприкінці XX ст., з появою нових технологій та матеріалів, перетворення горища на житло стало привабливою інвестицією. У колишніх модерних будинках з пласким дахом почали створювати додаткові житлові поверхи із двоскатними дахами. Звичайно, це ще не масова практика, оскільки перепланування даху передбачає вироблення низки дозвільних документів, проте можна уявити, що в майбутньому кількість мансард у містах України й Львові зокрема лише зростатиме.

By the second half of the twentieth century, urban landscapes usually featured buildings with flat roofs, and since the reconstruction of a non-residential attic was a labor-intensive and expensive process, mansards were not built into «old» buildings. It was only in the late twentieth century, with the emergence of new technologies and materials, that turning an attic into residential quarters became an attractive investment. Moreover, additional residential stories with double-shingled roofs were added to many modern flat-roof buildings. Of course, this practice has not yet gained wide currency, for the reconstruction of a roof demands the acquisition of a number of permits. However, it can be imagined that the number of mansards in Ukrainian cities, including Lviv, will only increase in the future.

ВІТАЛЬНЯ:

ЧИЯ КІМНАТА?

THE LIVING ROOM:

WHOSE ROOM?

ВІТАЛЬНЯ: ЧИЯ КІМНАТА?

THE LIVING ROOM: WHOSE ROOM?

Промисловий переворот і швидка урбанізація призвели не тільки до зміни усталеного життєвого укладу, а й до появи нової суспільної верстви – міщанства. Утвердження міщанства в суспільстві супроводжувалося запровадженням у міське життя нових, часто радикальних елементів: будівництво багатоквартирних будинків із вигодами, створення власного "культурного мікрокосмосу", введення в дію чітко означеного житлового канону, який мав відповідати майновому та суспільному статусові мешканців. За новим плануванням таких помешкань, з'являється салон-вітальня – місце, де мешканці проводять найбільше часу, і у якому здійснюється суспільна комунікація родини.

Вітальня у міщанському будинку була зменшеною формою палацових салонів, дуже часто із широким призначенням: місце відпочинку сім'ї, їдальня, бібліотека і одночасно кімната для прийому гостей. Поширення культурних практик міщанства на ширші верстви населення, зростання очікувань щодо якості та доступності житла – при стрімкому зростанні населення і браку житлової площі – спонукало до багатофункціонального використання вітальні. У багатьох сімей з'являються кімнати, які поєднують у собі приміщення для сімейного відпочинку, нерідко спальню і водночас кімнату для гостей. Таким чином, вітальня стає простором і для родини, і для гостей. Кімната, в якій розміщуються найбільш вартісні речі та найуважніше стежать за порядком, часто є "закритою" для щоденного життя, особливо для дітей. Подвійна функція вітальні – як місця "на показ" та центру родинного спілкування і відпочинку – відображає також зміни у співвідношенні між приватним та публічним у житті мешканця європейського чи американського міста. Все помітнішою стає тенденція до секуляризації простору вітальні: зникають ікони та інші релігійні об'єкти.

The industrial revolution and rapid urbanization not only broke an established way of life, but also led to the appearance of a new social group: the middle class. New, often radical, elements in urban life confirmed the existence of the middle class: the construction of multi-apartment buildings with various amenities, the creation of one's own "cultural microcosm," and the introduction of a clearly marked "canon" for housing, which had to respond to the financial and social status of its inhabitants. According to the design of such dwellings there appeared the salon-living room: a place where inhabitants would spend the majority of their time, and through which the family's social communication would take place.

The living room in a middle-class home was a compressed form of the palace salon, but with a wider usage: a place for the family to relax, a dining room, a library, and a room to receive visitors. The cultural practices of the middle class spread to a wider segment of the population. Also, increased expectations for quality housing, in a period of rapid population growth and lack of residential space, prompted the multi-functional use of the living room. In many family dwellings there appeared rooms that united space for relaxation, often bedrooms, and sometimes guest rooms. The living room is now a space both for family, and for guests. But this room, in which we place our most valuable objects and where we most attentively look after order, is often "excluded" from everyday life, especially for children. The dual function of the living room – both a place "for show" and a center of family communication and relaxation – represents changes in the relationship between public and private in the life of European and American urban residents. The secularization of the living room has become ever more noticeable: icons and religious objects have disappeared.

Чарльз Ессенхай Корк. Вітальня у старому домі родини Остін, Севенокс (1905)
Charles Essenhigh Corke. Drawing room of the old house of the Austen family, Sevenoaks (1905)

ПРИВАТНИЙ ТА ПУБЛІЧНИЙ ВИМІРИ
PRIVATE AND PUBLIC DIMENSIONS

Жозе Феррас де Алмейда молодший.
Адольфо Августо Пінто з родиною (1891)

José Ferraz de Almeida the Júnior.
Adolfo Augusto Pinto with His Family (1891)

Помешкання – це найбільш приватна територія людського співжиття. Інтенсивність життя у міському просторі вимагає від людини великих фізичних та емоційних затрат енергії. У XIX і часто у XX столітті саме чоловіку належала роль утримання сім'ї. У міській родині середнього та вище середнього достатку саме чоловік брав участь в економічному житті міста: чи як чиновник, чи як підприємець, чи як рантьє. Регулярному відновленню витрачених сил та енергії на роботі мали сприяти комфортні домашні умови. У зв'язку з цим функція житла наприкінці XIX – на початку XX століть істотно змінюється, спостерігаються спроби відгородитися від зовнішнього світу і "зануритися" у приватність. Вітальня, або житлова кімната, починають асоціюватися із поняттям "дім" у широкому розумінні цього слова. Тобто дім сприймається як приватна територія, вступ на яку чітко регламентує власник помешкання. Відповідальною за наповнення дому затишною атмосферою була господиня. Згідно з буржуазними уявленнями про дім у XIX столітті, жінка була "душею дому" і за допомогою слуг відповідала за облаштованість, порядок і репрезентативність вітальні. Різні гості могли легко визначити статус сім'ї та її гостинність, відвідуючи вечірні салони та сімейні свята. Чоловіка ж у будні дні в такому домі не мали турбувати домашні дрібниці та клопоти, він міг, читаючи газету біля каміна чи згодом перед телевізором, спокійно відпочивати.

The home: the most private space of human cohabitation. The intensity of life in urban space demands a great physical and emotional expense of energy. In the 19th century and often in the 20th century the role of maintaining the family fell to the husband. In the urban family of the middle or upper-middle class, the husband participated in the economic life of the city, either as an official or an entrepreneur or an investor.

Domestic comforts were supposed to facilitate the regular renewal of strength and energy lost at work. In connection with this requirement, the function of the home at the end of the 19th and beginning of the 20th century fundamentally changed – we begin to see attempts to shut oneself off from the outside work and "curl up" into privacy. The living room, or the room for living, began to be associated with the understanding of "home" in a wider sense. That is, "home" was understood as a private space, the entrance onto which was clearly maintained by the home's owner. The mistress of the house was responsible for the fulfillment of this cozy atmosphere. According to the bourgeois understanding of the home in the 19th century the wife was the "soul of the home" and with the help of her servants was responsible for the arrangement, order, and presentability of the living room. Various guests could easily judge the family's status and hospitality through evening salons and family holidays. During the week the husband in such a house did not have to be bothered with household chores and cares, but could simply relax while reading a newspaper by the fire, or later watching television.

*Сім'я слюсара
Київського заводу
мінеральної вовни
Е. А. Олєйнікова
у новій квартирі,
Київ (1954)*

*The family of the
E.A. Oleinikov, a fitter at
the Kyiv Factory
of Mineral Wool,
in a new apartment,
Kyiv (1954)*

Салон

Цей тип вітальні був продовженням традиції палацових салонів. У помешканнях періоду бідермаєр обов'язковим елементом була велика вітальня, де збиралися для організації музичних вечорів, гри в карти та для спільного проведення часу в ширшому колі. Для проведення таких вечорів необхідними атрибутами були достатня кількість місць для сидіння та простір для музичних інструментів, а для святкових обідів – великий стіл в оточенні сервантів із посудом. Найбільш поширеним наслідуванням старого салону були великі помешкання, де кімнати були розташовані в ряд і з'єднувалися між собою розсувними дверима, або взагалі не мали перегородок. На стінах, як правило, висіли картини та сімейні портрети. Протягом ХІХ століття салон набирає значення як важливий простір публічної дискусії та залучення у політичні справи. У веденні політичних та інтелектуальних салонів особливу роль відіграють жінки. Серед відомих господинь салонів: мадам де Сталь, Дельфін де Жірарден, мадам Рекамєр – у Парижі і Софі Сандер, Генріетта Герц та Генріетта Сольмар у Берліні. Після Другої світової війни вітальні-салони продовжує практикувати мистецька еліта: художники, музиканти, актори.

The Salon

This type of living room continued the tradition of the palace salon. In residences of the Biedermeier period the requisite element was a large living room, where everyone would gather for organized musical evenings, card games, and for spending time together in a wide circle. For such evenings, a necessary element was the adequate number of seats, and a space for musical instruments, and for holiday meals – a large table surrounded by a sideboard with dishes. The most common emulation of the old salon was the large living space, where rooms were laid out in a row and connected with sliding doors, or even with no partitions. On the walls, as a rule, hung pictures and family portraits. Throughout the 19th century the salon acquired a meaning as an important space of public discussion and engagement with political matters. Women had a particular role in holding political and intellectual salons: from the celebrated Paris salons of Madame de Stael, Delphine de Girardin, Madame Recamier, and in Berlin, Sophie Sander, Henrietta Herz and Henriette Solmar. After World War II, artistic elites continued the practice of the living room-salons: with visual artists, musicians, and actors.

Юліус Шмід. Шубертіада (1897)
Julius Schmid. Schubertiade (1897)

Карл Ларссон.
Квіти на підвіконні
(ймовірно 1894)

Carl Larsson.
Flowers on the windowsill
(probably 1894)

Протягом усього ХХ століття найважливішою умовою облаштування вітальні було досягнення максимального затишку. Для вітальні відводиться найбільша кімната, де можна розмістити усі необхідні для зручності атрибути: насамперед дивани та фотелі. Елементами, що створювали комфорт, були також дрібні деталі. Сформувати атмосферу домашнього затишку допомагали великі килими на підлозі та відповідне освітлення. Широко використовували ажурні бра на стінах, а предметом особливої гордості був розкішний торшер, який м'яко освітлював кімнату. Грамофон, чи тепер акустична система, також має почесне місце саме у вітальні. Музика вдома, окрім створення атмосфери комфорту, ще є показником достатку і статусу родини. Нерідко затишок досягається завдяки розведенню домашніх квітів, особливо кімнатних дерев.

The most important condition of the living room's layout throughout the 20th century was the achievement of maximum comfort. The largest room in a home was allocated to the living room, where one could place all the features necessary for creating household cosiness: especially a couch and chairs. Fine details and finishing touches also contributed to the creation of household comfort. For an atmosphere of domesticity one might find great rugs on the floor and appropriate lighting – delicate scones on the walls and, as an object of special pride, a luxurious torchière, endowing the room with a soft light. The gramophone – or now the acoustic system – also found its place precisely in the living room, creating comfort and showing the financial and social status of the family. Often the cultivation of household flowers, especially potted plants, helps create an atmosphere of cosy comfort.

Вільгельм Хаммершьой. Сонячна вітальня (1901)
Vilhelm Hammershøi. The Sunny Parlor (1901)

Диван

Диван в різні часи відігравав різні ролі: в добу Просвітництва був символічним місцем для товариського спілкування, а після Другої світової війни перетворився на місце щоденної соціальної комунікації всієї родини.

Після великого розподілу помешкання на відокремлені кімнати – для сну, роботи, прийняття їжі та відпочинку – багато меблів змінили своє розташування. З вітальні на кухню перекочував великий стіл, а ліжка, пишно декоровані пірамідами подушок, перемістилися у спальню. Ці зміни, відповідно, викликали потребу у появі нових більш функціональних меблів. На зміну масивним ліжкам у вітальні з'являється диван або кушетка. Спочатку кушетка розміщувалася в куті великої кімнати. Як обов'язкові елементи до неї додавалися кілька стільців. У подальшому невід'ємним атрибутом такого облаштованого "кутка" стає малий (журнальний) столик. У вітальні, за якою надовго закріпилася німецька назва "Gute Stube" (добротна кімната) диван займав центральне місце. Тільки "олюднення" "Gute Stube" – тобто перетворення її на кімнату, де також діти можуть вільно бавитися, – змінило не тільки розташування в ній меблів, але й зробило їх більш доступними.

The Couch

The couch has played various roles at various times: in the Age of Englightenment the couch was a symbolic place for friendly communication, and after World War II it was transformed into a place for everyday social communication within the entire family.

After the separation of the home into separate rooms: for sleep, for work, for eating, and for rest – most pieces of furniture changed their place. The large table moved from the living room to the kitchen; the bed, luxuriously decorated with pyramids of pillows, was now placed in the bedroom. These changes, of course, demanded the requisite changes in the appearance of more functional furniture. Instead of a massive bed in the living room, there appeared a couch or a divan. The couch at first was placed in the corner of a large room, accompanied by the obligatory elements of several chairs. A further essential element of the properly arranged "corner" was a small writing desk. In the living room, to which the German name Gute Stube (the good parlor) was long attached, the couch held the central place. Only the "humanization" of the Gute Stube, its transformation into a room where children could also play, changed not only the layout of furniture, but also made the furniture more accessbile.

Гарнітур для вітальні. Виставка меблів у Берліні (1956)
Set for living room. Furniture exhibition in Berlin (1956)

Інтер'єр сучасної вітальні, Німеччина (2006). Фото Райнера Крафта
Interior of modern living room, Germany (2006). Photo by Reiner Kraft

ЗАТИШОК ТА ПРИВАТНІСТЬ

COMFORT AND PRIVACY

Ілюстрація до часопису "Innen Dekoration", 1927
Illustration to the "Innen Dekoration" magazine, 1927

Домашнє "вогнище"

Камін був і часто залишається статусним та бажаним елементом у вітальні, навіть якщо втратив функцію обігріву. Насамперед, камін можна було облаштувати лише при умові наявності в квартирі великої кімнати, а це вже свідчило про соціальний статус родини. Вечори біля каміна давали чудову можливість відпочити від щоденного стресу, а палахкотіння вогню та м'яке тепло, яке давав розпечений жар, якнайбільше сприяли зняттю психологічної напруги. Крім того, посиденьки біля каміна часто влаштовували для близьких друзів родини. В такому випадку, як правило, до традиційного споглядання вогню додавалася випивка. І тоді відпочинок часто-густо супроводжувався цікавими дискусіями. В радянському суспільстві цю роль перебрали на себе "розмови на кухні".

The Household Hearth

The fireplace was and has often remained a desired element of prestige in the living room, even when it lost its primary function of heating. First and foremost, one could only have a fireplace if the residence had a large room, and this already testified to the family's social position. In the evenings, the hearth gave a wonderful opportunity to relax from daily stress – and the burning flame, and the soft heat from the red-hot coals, promoted the removal of psychological tension. Apart from that, evenings sitting in front of the fire were often arranged for close friends of the family. In such cases, as a rule, alcohol was added to the traditional contemplation of the fire. Relaxation was then quite often accompanied by interesting discussions. In Soviet society this role was taken over by "kitchen table conversations."

Сантьяго Русіньйол. Літня злива (1891)
Santiago Rusiñol. Summer Shower (1891)

Домашній перегляд

Якщо раніше "заспокійливу" функцію у вітальні виконував камін, то з часом йому на зміну прийшов телевізор, який став набагато доступнішим елементом побуту. Поява телебачення зробила колосальну революцію у так званому "одомашненні" міських жителів. Тепер, замість походів у кінотеатр, мешканці отримали змогу влаштовувати перегляди фільмів і цікавих програм у себе вдома. Швидкий розвиток відеотехніки призвів до появи відеомагнітофонів. Фіналом у цій еволюції кімнати-вітальні стала поява домашніх кінотеатрів. Облаштування у вітальні домашнього кінотеатру дозволило не тільки насолоджуватися якісним зображенням на екрані, але й досягати "ефекту присутності" за допомогою досконалих акустичних систем і тривимірних окулярів.

Household Viewing

If earlier the fireplace filled the calming function of the living room, with time it was replaced with the television, which became a much more accessible element of everyday life. The appearance of television created a colossal revolution in the so-called "domestication" of urban dwellers. Now, instead of trips to the cinema, people had the ability to set-up their own viewings of films and interesting programs at home. The rapid development of video technology led to the appearance of VCR's. The final step in this evolution of the living room was the appearance of home movie theaters. The arrangement of a home movie theater in the living room permitted not only the enjoyment of quality images on the screen, but also the achievement of "the effect of being there" thanks to the help of a perfected acoustic system and 3D glasses.

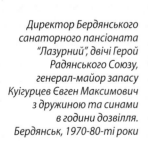

Директор Бердянського санаторного пансіоната "Лазурний", двічі Герой Радянського Союзу, генерал-майор запасу Куігурцев Євген Максимович з дружиною та синами в години дозвілля. Бердянськ, 1970-80-ті роки

The director of the Berdiansk Sanatorium "Lazurnyi", Evhen Kuihurtsev, two-time Hero of the Soviet Union and Major General in the reserves, with his wife and sons during their leisure time. Berdiansk, 1970s-80s

"ВСЕ НА ПОКАЗ"

"SHOWCASE"

Інтер'єр вітальні,
Львів (1930-ті рр.)

Living room interior,
Lviv (1930s)

Подвійна функція вітальні – з одного боку, як закрита приватна територія для відпочинку, а з іншого – як зона публічної комунікації сім'ї – істотно позначилися на її облаштуванні. Інша функція передбачала насамперед демонстрацію суспільного статусу родини, її культурного рівня, освіченості та навіть зв'язків. За допомогою різного роду дрібних культурних артефактів створювалося відчуття обжитості та благополуччя. Все це разом мало творити атмосферу захищеного дому, показуючи водночас його традицію та місце його мешканців у суспільстві. Якщо у XIX столітті вітальні міщанських домівок були водночас відповіддю і продовженням старих аристократичних салонів, то у XX столітті вітальня як окрема репрезентативна кімната входить у щоденне життя бідніших верств населення.

The dual function of the living room as a closed private territory for relaxation and a zone of public family communication fundamentally expressed itself in its layout. The second function demanded above all a demonstration of the family's social status, cultural level, education and even connections. Various little cultural artifacts created a feeling of lived-in-ness and well-being. All of this was supposed to create the atmosphere of a secure home and display both the family's traditions and place in society. If in the 19th century the living rooms of middle-class homes were both an answer to and a continuation of the old aristocratic salons, in the 20th century the living room entered into the everyday life of the poorest segments of the population as a separate room representative of the family.

Едвард Феншоу. Вітальня родини Феншоу (близько 1855)
Edward Gennys Fanshawe. The Fanshawes' sitting room (circa 1855)

"ВСЕ НА ПОКАЗ"

"SHOWCASE"

"Інтимний музей"

Вітальня часто була і залишається своєрідним домашнім "музеєм", де експонатами є фотографії важливих членів родини. Техніка фотографії через свою доступність розширила коло людей, які могли дозволити собі родинну галерею. Портретні фотографії, виконані в ательє професійними фотографами або ж мандрівними майстрами, часто прикрашали стіни, столи та камін вітальні. Фотографії на стіні та фотоальбоми дозволяють побачити і показати родинні структури, стосунки у вужчому і ширшому колі родичів. Вони надають можливість кожному новому поколінню ідентифікуватися, або навпаки – відкинути родину. Часом їх показ є кроком до ініціації нових членів сім'ї – невістки чи зятя. Відбір та редагування фотографій є виявом того, хто має авторитет і владу у родинному колі, хоча зазвичай – це дружина, мама або бабця. Розвиток аматорської, а згодом і цифрової фотографії, а також зміни у родинних цінностях стали причиною того, що сімейні альбоми та настінні портрети витісняють сторінки у соціальних мережах і папки на персональних комп'ютерах, телефонах, планшетах. Незабаром помешкання будуть мати домашні сервери, на яких зберігатимуться фото, домашнє відео та інший родинний контент. Доступ до нього буде можливий із медійних терміналів, які нагадуватимуть сучасні телевізори. Сприйняття та представлення родини ставатиме все більш динамічним і мережевим фактором, на відміну від статичної репрезентації традиційної вітальні.

"An Intimate Museum"

The living room often became and often still is a kind of home "museum," where photographs of important family members are displayed. The technology of the photograph, through its accessibility, widened the circle of people who could allow themselves a family gallery. Photo portraits, taken at a studio by professional photographers or itinerant craftsmen, often decorated walls, tables and the fireplace of the living room. Through wall photographs and photo-albums, the family structure and relationships among a narrow and wide circle of relatives could be seen and shown. These photographs give the opportunity to each new generation to identify themselves, or quite the opposite – to reject the family tradition. The selection and the editing of the photographs demonstrates who has authority and power in the family circle – often this is the wife, mother, grandmother. With the development of amateur, and later digital photography, and also changes in family values, the family album and wall portraits were replaced with pages on social networks and files on personal computers, telephones and tablets. Soon the home will have its home server, on which photos, home videos and other family content will be stored. Access to the server will be possible in media terminals, which will resemble today's televisions. The understanding of and the representation of family will become more and more dynamic and a network factor as opposed to the static representation of the traditional living room.

Сімейні фото мешканців галицького містечка Снятина, ательє Ігнація Шміцлера, кінець ХІХ – початок ХХ ст.

Family photos from Sniatyn, a town in Galicia, Atelier of Ignacy Schmitzler, the end of the nineteenth and early twentieth centuries

ВІТАЛЬНЯ: ЧИЯ КІМНАТА?

Hі—LIVING ROOM. WHOSE ROOM?

Видання з серії "Бібліотека всесвітньої літератури"
з 1 по 200 том
Publication of the series "Library of World Literature"
volumes 1 to 200

"Предмети гордості"

Вітальня відігравала також роль території, де виставляли на показ сімейні "скарби". Для багатьох родин це часто коштовні предмети, успадковані від предків, як от родинне срібло. Двадцяте століття з його війнами, депортаціями та соціальними експериментами позбавило багато родин фамільних пам'яток, або надало особливого значення тим, які збереглися. Масова продукція та доступність предметів інтер'єру і декору, особливо після Другої світової війни, та мода на нові речі надали додаткову вартість антикварним меблям і таким предметам як картини, гобелени, камінні годинники та інші рідкісні твори мистецтва. Володіння антикварними речами у радянській державі несло ще й додаткову інформацію про походження або вид діяльності їх власників. Також у Радянському Союзі предметами особливої гордості ставали ті речі, яких не було у загальному доступі через дорожнечу або дефіцит: порцелянові сервізи, набори з кришталю, фарфорові статуетки. Їх наявність у помешканні навіть підкреслювали внутрішнім освітленням у сервантах.

Книжки у помешканні – це показник освіченості його мешканців, їх інтелектуальних та ідеологічних вподобань, культурного рівня та приналежності до певної – часто уявної – спільноти. Але також це об'єкт на показ, який не читають, а тримають у шафі для статусу. У Радянському Союзі через великий попит на розкішно оформлені видання класики була запроваджена передплата. Наявність передплатних видань у шафі була предметом особливої гордості, бо вказувала не тільки на достаток родини, але й на не менш важливий елемент – зв'язки або приналежність до системи торгового "блату". Як правило, ці книги підбиралася не тільки за авторами (найбільш популярними були твори Александра Дюма-старшого), але й за оформленням: книги мали творити на полиці суцільний естетично довершений ряд. Видання з-за кордону свідчили про високий суспільний статус власників помешкання та вказували на знання іноземних мов.

"Objects of Pride"

The living room also played a role in the space where family treasures were put on display. For many families these were often costly objects inherited from their ancestors, such as family silver. The 20th century, with its wars, deportations and social experiments, deprived many families of their family memorials, or endowed them with a certain meaning, which they have since preserved. Mass production and access to objects of home interior décor, especially after World War II, as well as the fashion for new things, gave an additional value to antique furniture and to such items as paintings, tapestries, stone clocks and other rare objets d'art. The possession of antique objects in Soviet times also suggested additional information about one's origin or activities. In the Soviet Union objects of especial pride were those not available to everyone because of high cost or scarcity: china dishware, crystal glassware, porcelain figurines. Lighting on sideboards even highlighted the presence of these objects in a home.

Books in the home serve as an indicator of the level of education of the home's residents, their intellectual and ideological likes, their cultural level and membership in a certain – often imaginary – community. But also, books are an object of show: they may not be read, but stay on the shelf for looks. In the Soviet Union, through a great demand for luxuriously-designed editions of the classics, the subscription service was introduced. The presence of such "subscriptions" on a shelf became an object of especial pride, because it pointed not only to the family's income, but also to an element equally as important – connections or belonging to a system of "blat," exchange on the black market. As a rule, these books were selected not only by authors (the most popular were the works of Alexander Dumas), but also by design: the books had to create the desired effect of an aesthetically perfect row on the shelf. Publications from abroad testified to the high social status of their owners, and pointed to knowledge of foreign languages.

"ВСЕ НА ПОКАЗ"

"SHOWCASE"

Розкладне ліжко вдень можна сховати у спеціальну шафу. Ілюстрація з книги
М.І. Барановського "Сучасна квартира", 1982

During a day the pull-out bed can be stored in a special cupboard. Illustration from
M.I. Baranovskyi, "The Modern Apartment", 1982

Вдень вітальня – вночі спальня

Зростання населення міст та брак житла і простору змушував багатьох мешканців обмежуватися соціальним мінімумом, витискаючи з нього максимум.

Життя в однокімнатних помешканнях спонукало до якнайбільш раціонального облаштування обмеженого житлового простору. Велика багатофункціональна кімната перетворювалася на спальню з приходом ночі. Показовий приклад – життя родин у комуналках чи однокімнатних квартирах у Радянському Союзі. Для відгородження простору використовували шафи, які ставили поперек кімнати, як стінку. Кутки з ліжками, в яких спали дорослі, завішувалися занавісками. Популярними були розкладні дивани, які вдень слугували для сидіння, а вночі розкладалися для спання. Вранці постіль ховали у шафи, а ліжка прикрашали гарними покривалами.

By day – a living room... by night – a bedroom

The increase in the urban population and lack of living space forced people to limit their residential space to the social minimum, and draw out from it the maximum.

Life in one-room apartments prompted the most rational organization possible of limited living space. The large multi-functional room was transformed into a bedroom as night approached. One-room apartment dwellers found a solution by outfitting their rooms in a special way. The life of families in communal apartments or one-room apartments in the Soviet Union offers a perfect example. Cupboards and wardrobes were often used like a wall for delineating space in a room. Corners with beds where adults slept were marked off with hanging curtains. Pull-out couches were very popular. In the day, they served for sitting, and at night they unfolded for sleeping. In the morning, bedding was stored in the cabinets, and the bed decorated with pretty curtains.

"Стінка"

Типізація планування квартир призвела до виникнення своєрідного стійкого канону в умеблюванні та розподілі житлового простору. Характерною для багатьох квартир, незалежно від їхнього розташування, була наявність розбірних меблів. Ці меблі легко складалися і розбиралися, їх можна було при потребі переміщати по квартирі, композиційно міняти місцями їх окремі елементи. Центральне місце у вітальні займала, безумовно, так звана "стінка". Це набір меблів, що містить сервант, книжкову шафу, шафу із нішею під телевізор, закритий бар для алкоголю та – особливо у Радянському Союзі – гардероб і велику кількість антресолей. Брак житлової площі також нерідко спонукав до "перепланування" простору вітальні під спальню. Книжкові шафи могли використовувати як перегородки між диванами.

"The Wall"

The standardization of apartment design led to the institution of a "canon" in dividing and furnishing living space. Typical for many apartments, regardless of their location, was the presence of folding furniture. This furniture was easily put together, and if the need arose these pieces could be comfortably rearranged, and one could change the composition of the apartment by simply changing its elements. A central place in the living room was unquestionably taken up by the so-called "wall." This is a certain selection of furniture, which includes the sideboard, the bookshelf, the cabinet with a niche for a TV set, a closed bar for alcohol and – especially in the Soviet Union – a wardrobe and a great quantity of drawers. The lack of living space also often prompted a "re-design" of the space of the living room into a bedroom. Bookshelves could be used as partitions between couches.

"Стінка" у одній з львівських квартир

"The Wall" in an apartment in Lviv

"ВСЕ НА ПОКАЗ"

"SHOWCASE"

За кавою: набір посуду від Єнської фабрики скляних виробів, Німеччина (1955)

Over coffee: tea set from the Jena Glassware Factory, Germany (1955)

У XX столітті вітальня перетворилася на центр комунікації і товариського життя, стала місцем, де часто поєднуються (колись максимально розділені) салон та кухня.

In the 20th century the living room has transformed into the center of social communication. It has become a place where two spaces – formerly as far apart as possible – have been brought together: the salon and the kitchen.

КУХНЯ:
ВІД МІСЦЯ ДЛЯ ЖІНКИ ДО МІСЦЯ ДЛЯ УСІХ?

THE KITCHEN:
FROM A WOMAN'S PLACE TO A PLACE FOR ALL?

КУХНЯ: ВІД МІСЦЯ ДЛЯ ЖІНКИ ДО МІСЦЯ ДЛЯ УСІХ?

THE KITCHEN: FROM A WOMAN'S PLACE TO A PLACE FOR ALL?

Кухня як місце приготування їжі не лише забезпечує життєво необхідну потребу людей у харчуванні, але також є одним з основних показників зміни стосунків між людьми у колі сім'ї та в суспільстві загалом. Незалежно від того, чи кухня схована у прибудові, чи винесена у середину домівки, місце приготування їжі є одним із найважливіших для існування людини. Задовольняючи чи не основну людську потребу, кухня також є чільною ознакою розвитку культури. Залежно від того, хто, що і як робить на кухні, вживаємо прикметники "традиційний", "прогресивний", "відсталий", "модерний", "сучасний", "порядний", "ненормальний". Кухня пройшла трансформацію від центрального місця у домівці до простору, який старалися "сховати" з огляду на запахи, які неодмінно супроводжували процес приготування їжі, й повернення на центральну позицію. Саме у XX столітті кухня стала ключовим архітектурним і соціальним простором у наших домівках.

Можна виділити два формати кухні: кухня як робоча кімната, і кухня, об'єднана з вітальнею чи їдальнею. Кухня є своєрідною "соціальною лабораторією", в якій держави та реформатори шукали способи змінити ситуацію у суспільстві чи втримати її відповідно до власних ідей та уявлень. Кухня водночас є "культурним полем битв", де різні норми і практики конфліктували, перепліталися, де старі значення втрачалися, а нові – набирали сили. В усіх цих перипетіях була присутня жінка: її тут можна побачити в ролі господині, служниці, робітниці, матері чи – зрештою – "ділової жінки". Наприкінці XX століття у кухні з'являється також чоловік, уже не в ролі споживача їжі, а для її приготування. Саме через розподіл гендерних ролей ми можемо побачити, як змінилися уявлення про кухню, її вигляд та форму, і як ці зміни віддзеркалювали переміни у суспільстві.

The kitchen, a place of food preparation, not only satisfies a vital human need, but is also one of the main indicators of changes in relationships between people in the family circle and in society. Whether we hide the kitchen or bring it out into the center of the home, still the place of food preparation remains one of the primary places for people to be. The kitchen also serves as a key indicator of cultural development. Depending on who works in the kitchen, what they are doing and how they do it, we use various adjectives: traditional, progressive, backward, modern, contemporary, decent, abnormal. The kitchen has transformed in its meaning: from a central place in the house, to a space that people tried to isolate because of the various smells, to once again a central place in the apartment or house. It was precisely in the 20th century that the kitchen became a central architectural and social space.

We could distinguish two general formats for the kitchen: the kitchen as a room for work, and the kitchen as a combination of living room and dining room. The kitchen is a kind of "social laboratory," in which either the government or various reformers searched for ways to change society, or to support their own ideas about society. The kitchen is a "cultural battlefield," where various norms and practices conflict and intertwine, where old meanings are lost, and new meanings gain strength. Throughout all these changes, however, we can see one point of continuity: the presence of the woman. She has filled various roles: the mistress of the household, the servant, the worker, the mother, and finally, the working woman. At the end of the 20th century the man has also appeared in the kitchen – in the role not of the food consumer, but of the food preparer. Through this separation of gender roles, we can see how our ideas about the kitchen, how its appearance and form, have changed – as well as how these changes reflect changes in society.

Джузеппе Марія Креспі. "Посудомийка" (1710-1715)
Giuseppe Maria Crespi. The Scullery Maid (1710-1715)

"ПОЛЕ КУЛЬТУРНИХ БИТВ"

"CULTURAL BATTLEFIELD"

Масове виробництво вбудованих меблів і збільшення кількості техніки у кухні зовсім не означає, що у процес приготування їжі буде залучено більше членів сім'ї. Якщо у численних дискусіях про нові моделі кухні на початку XX століття брали участь архітектори, дизайнери, соціальні та муніципальні працівники, то для більшості з них кухня не була частиною щоденної реальності. Рішення шукалося для жінки, матері й насамперед – домогосподарки. Раціоналізація і масовість не призводять до зміни наших уявлень про те, хто і що має робити. Лише зі зміною уявлень, цінностей і норм можемо спостерігати перетворення кухні з "жіночого простору" на "комунікаційний центр" усієї родини.

Електрична кухня. Ілюстрація до американського часопису "Популярна наука" (1893-1894)
An electric kitchen. Illustration to American magazine "Popular Science" (1893-1894)

The mass production of furniture and the increasing use of technology in the kitchen in no way meant that more family members would be drawn into the process of food preparation. At the beginning of the 20th century architects, designers, social and municipal workers took part in numerous discussions about new models for the kitchen. But for most of these people, the kitchen was not a part of their everyday reality. Rather, they were searching for solutions for women, mothers, and most of all – housewives. Rationalization and mass production did not lead to changes in our ideas about who was working and what they were doing. Only with changes in our ideas, values and norms can we observe a transformation from the kitchen as an exclusively "women's space" to a "communication center" for the whole family.

У XIX столітті можна виділити два типи розташування кухні. У багатих та міщанських домівках її стараються максимально усунути на периферію, де слуги займаються приготуванням їжі і звідки запахи не доходять до житлової частини. Організація домашнього затишку є основним завданням господині дому, яка ховає від ока чоловіка та гостей рутинну діяльність. Показна свобода від щоденних обов'язків тут є однією зі статусних ознак міщанського дому високого й навіть середнього достатку. Кухня такого типу є прихованою частиною домівки. Натомість кухня як багатофункціональний простір, де готують їжу, проводять час та сплять – адже це найтепліше місце дому, бо тут є пічка, – є простором робітничого і бідного дому.

Реформування і зміни обох типів кухонь відбувалися у напрямку раціоналізації й естетизації простору приготування та споживання їжі. Передумови і наслідки, радикально різні на перший погляд, мали, проте, також чимало спільного, а саме у появі нових – модерних – уявлень про те, якими мають бути ролі та функції кожного члена сім'ї на кухні.

In the 19th century we can distinguish two types of kitchen layouts. In wealthy and middle-class homes, the kitchen was as removed from the center of the house as possible. Servants took care of food preparation and smells did not reach the household center. The organization of household comfort was the primary task of the housewife, who hid such everyday activities from the eyes of her husband and guests. This apparent freedom from everyday chores was a status symbol for the bourgeois home of the upper or middle classes. In the homes of workers and poorer families the kitchen served as a multi-functional space, for cooking, spending time, and sleeping – in as warm a place as possible because of the stove.

Reforms and changes in the direction of increased rationalization and aestheticizing the space for food preparation and consumption took place in both types of kitchens. The background and the consequences of these changes appear various, but actually have much in common – because they show new and modern ideas about what the role and function of each family member should be in the kitchen.

Інспекція захаращеного однокімнатного житла у підвалі, Нью-Йорк (близько 1900)

Officials inspect a cluttered one-room basement dwelling, New York City (circa1900)

ВІД "FEMINA DOMESTICA" ДО "FEMINA OECONOMICA"?

FROM "FEMINA DOMESTICA" TO "FEMINA OECONOMICA"?

Уявлення про міщанський дім середнього та високого достатку поширювалося і на розподіл відповідальності за приватну сферу – дім, та публічну сферу – політичне, суспільне, економічне життя. Джордж Стюарт Мілль наприкінці XIX століття окреслив чоловіка індустріального періоду як "homo oeconomicus" – раціональний та ефективний чоловік, який заробляє на життя поза домом. Відповідно, приватною сферою – домом із його атмосферою затишку – займалася жінка, і її роль можна назвати "femina domestica".

Організація домашніх справ лягала на плечі господині, а виконувати їх допомагала прислуга. Зменшення доходів та перерозподіл ринку праці на зламі XIX-XX століть призвів до зменшення кількості слуг і також можливостей багатьох родин їх собі дозволити. Дотримання стандарту "доброї міщанської родини" все більше лягало на господиню, обмежуючи її виключно у просторі домашньої роботи. Таке усунення з інших сфер та підпорядкованість ригористичному уявленню про добропорядність спричиняли психічне і моральне виснаження. На зламі XIX-XX століть стають популярними дискусії про причини та шляхи подолання істерії, меланхолії, роздратування як "жіночих хвороб". Їх попередженню – на думку лікарів, психологів та економістів – мали сприяти більш ефективна організація праці у домі та оснащення місць праці жінки, насамперед кухні. Лейтмотивом тут було збереження цінностей сім'ї та ідеалу "домашнього вогнища".

Такий розподіл відрізнявся від домашнього устрою робітничої родини, де жінка часто працювала. Тут реформування простору приготування їжі було викликане насамперед питанням покращення санітарії та харчування робітників. Здоров'я і фізична витривалість робітників із розвитком промислових держав набувала загального економічного й політичного значення. Не таверна, а дім зі здоровою їжею, куди повертаються після роботи, повинен був згладити соціальні контрасти та несправедливість. Усвідомлення обох проблем можна побачити у багатьох рішеннях архітекторів та урбаністів протягом XX століття. Вигляд і функція кухні змінилися не лише завдяки ідеям щодо реформування суспільства. Збільшення кількості жінок, залучених у працю поза домом, та поява "femina oeconomica" були ще однією причиною змін.

Заняття з куховарства, Сілезія, Німеччина (близько 1930)

Cooking Class, Silesia, Germany (circa 1930)

The idea of the middle-class and upper-class bourgeois home included a division of responsibilities for the private sphere – the home, and the public sphere – political, social, and economic life. At the end of the 19th century John Stuart Mill described the man of the industrial age as homo oeconomicus – a rational and efficient man who makes his living outside the home. Accordingly, the woman took care of the private sphere, the home with its atmosphere of comfort. Her role could be called "femina domestica".

The organization of the house lay on the shoulders of the housewife, and servants helped her maintain it. The decrease in income and the re-distribution of the labor market at the turn of the 20th century led to a reduction in the number of servants and also a reduction in the possibility for many families to even have servants. The burden of maintaining the standard of "a good middle-class home," then, increasingly fell to the housewife, enclosed in the world of domestic work. Such separation from other spheres, and subordination to rigorous ideas about decency, led to psychic and moral exhaustion. At the turn of the 20th century, the causes of and cures for hysteria, melancholy, frustration – "female illnesses" – occupied a great role in social discourse. The prevention of these "illnesses," according to doctors, psychologists, and economists lay in a more effective organization of work in the home and a better equipping of the woman's workplace, especially the kitchen. The leitmotif here was the conservation of family values and the "household hearth."

The household organization of the working family differed in regards to its division of the public and private sphere. In these homes, the woman worked in the kitchen. In working-class homes, it was first and foremost the question of improving hygiene and feeding workers that shaped kitchen reforms. With the development of industrial societies, health and the physical longevity of workers acquired a general economic and political meaning. Not a tavern, but a home with healthy food, where workers could return after work, was supposed to smooth over the tension over social inequality. We can see an awareness of these problems in many decisions made by architects and urbanists throughout the 20th century. Apart from the idea about how to reform society, the appearance and function of the kitchen changes with the increased engagement of women in work outside the home and the appearance of "femina oeconomica".

Алеардо Вілла. Рекламний плакат газової компанії Aerogeno (1902)
Aleardo Villa. Advertising poster for Aerogeno Gas company (1902)

РАЦІОНАЛІЗАЦІЯ ПРОСТОРУ АБО "НАЙМЕНША ФАБРИКА У СВІТІ"

RATIONALIZING SPACE, OR "THE SMALLEST FACTORY IN THE WORLD"

Ідея раціональної організації та облаштування простору кухні бере свій початок ще з середини XIX століття. Тогочасні кухні переважно облаштовувалися за залишковим принципом. Основними тут були стіл – як місце для попередньої обробки їжі, та пічка – як місце для завершального етапу приготування страв. Навіть у заможних будинках кухні залишалися поза увагою архітектора.

В 1843 році Кетеріна Бічер розробила "модельну кухню" взявши за взірець пароплавний камбуз із рядами шухляд та поличок, де все було під руками і давало змогу впоратись з усім без сторонньої допомоги. Ідея раціоналізації простору для зменшення навантаження на жінку, яка працює або може працювати, завдяки зусиллям активісток жіночого руху стає чільною темою у публічному житті початку XX століття. Для вирішення проблеми зразком став фордівський конвеєр, а також кухня у поїзді. Це мала бути "найменша фабрика на світі".

У 1913 році Крістін Фредерік порахувала кілометраж, який долає домогосподарка на кухні впродовж дня за допомогою нитки, прив'язаної до ноги жінки (довжину нитки замірювали в кінці дня). Американська інженер-технолог Ліліан Гілбрет за допомогою мікрохронометра в 1918 році прорахувала оптимальну кількість рухів, які господиня робить під час роботи на кухні. Це дало підставу для тверджень, що за допомогою планування зон у кухні можна зекономити до кілометра кроків на день для господині. Економія простору, часу, зусиль вважали вирішенням проблеми і для покращення домогосподарства жінок-робітниць, і для жінок середнього класу, які за бажання могли би працювати.

Ергономічні дослідження лягли в основу нових проектів "практичної кухні", найбільш знаною з яких є "франкфуртська кухня". Стандартизація, математичне вирахування розмірів та простору і поділ на робочі зони у XX столітті стають основою планування сучасної кухні.

Ілюстрація до книги Кетеріни Бічер "Дім американської жінки" (1869)
Illustration to Catharine Beecher's "The American Woman's Home" (1869)

The idea of rational organization and equipment of the kitchen began as early as the middle of the 19th century. Kitchens at that time were generally organized according to an outdated principle, where the stove was the place for cooking, and the table for food preparation. Even in wealthy homes the kitchen remained outside the architect's attention.

In 1843 Catharine Beecher created a "model kitchen" taking as her inspiration a ship's galley – with its rows of drawers and shelves, where everything could be at your fingertips and one could manage without anyone's help. Rationalizing space to decrease the burdens on women who worked or who were able to work became a central theme in public life at the beginning of the 20th century. Feminist activists took the lead, and models for solutions were taken from the ideas of Ford's conveyor belt and kitchens in trains. The kitchen had to be the "smallest factory in the world."

In 1913 Christine Frederick counted the kilometers that a housewife clocked in the kitchen in one day, with the help of string tied to a woman's legs that she then measured at the end of the day. American technical engineer Lillian Gilbreth, with the help of a micro-timer in 1918, measured the optimal number of movements made by a housewife during her work in the kitchen. This provided a basis for the assertion that by designing specific zones in the kitchen, one could actually economize the number of steps a housewife makes in the course of a single day. The economy of space, time, and effort was seen as a solution to the problems of how to improve household management for women who worked, as well as for middle-class women who might work, but did not necessarily have to work.

Ergonomic research lay at the foundation of new projects of "the practical kitchen," the most celebrated of which is the "Frankfurt Kitchen." In the 20th century standardization, the mathematical calculation of space, and the division of work zones became the foundation for the design of today's kitchen.

Ілюстрація з часопису "Популярна механіка" (грудень, 1937)
From a color article in December 1937's "Popular Mechanics"

РАЦІОНАЛІЗАЦІЯ ПРОСТОРУ АБО "НАЙМЕНША ФАБРИКА У СВІТІ"
RATIONALIZING SPACE, OR "THE SMALLEST FACTORY IN THE WORLD"

Холодильник

Розроблені ще на початку XX століття, холодильники стали масовими починаючи з 1950-х років. У Радянському Союзі перший побутовий холодильник виготовили лише в 1939-му році на Харківському тракторному заводі, причому ці апарати залишалися малодоступними аж до 1960-х років. Найпопулярнішим був холодильник марки "ЗІЛ-МОСКВА", який мав репутацію надійного, довговічного пристрою, що відрізнявся оригінальним дизайном. Сучасні холодильники – це складні машини, які можуть самоочищатися.

Завдяки холодильнику ми можемо їсти більше салатів, свіжих фруктів і овочів. Екзотичні продукти харчування з далеких країн, які були імпортовані за допомогою холодильних камер, можуть зберігатися у нас вдома завдяки побутовим холодильникам. Морозильні камери дозволяють купувати продукти у великій кількості. Наприклад, морозиво, яке колись було продуктом вихідного дня, перетворилося у сучасних домівках на типовий продукт, як хліб чи масло. Так само практично у кожній домівці тепер є лід, який можна використати не лише для створення напоїв, але й для медичних цілей. Окрім тривалого зберігання корисної їжі, холодильники дозволяють закуповувати продукти, попередньо приготовані, які можна заморозити, а згодом достатньо їх лише підігріти перед споживанням. Це кардинально змінює витрати часу на приготування їжі, дозволяє усім членам родини готувати сніданки чи обіди, але також має негативні наслідки. Дослідження показують, що збільшення кількості швидкої їжі, яку можна підігрівати з допомогою мікрохвильової печі, безпосередньо впливає на погіршення стану здоров'я людей і сприяє розвиткові ожиріння. Та, незважаючи на загрози, ми уже не уявляємо своєї домівки без холодильника – одного з найважливіших винаходів людства.

The Refrigerator

Although developed at the beginning of the 20th century, refrigerators became widespread only beginning in the 1950s. In the Soviet Union the first household refrigerator was produced only in 1939 at the Kharkiv Tractor Factory, and was not widely available until the 1960s. The most popular brand of refrigerator was the "ZIL-MOSCOW," which had the reputation of a reliable and durable machine distinguished by its original design. Today's refrigerators are complicated machines that self-clean and order food through the Internet.

Thanks to the refrigerator we can eat more salads, as well as fresh fruits and vegetables. Exotic food from distant countries, imported with the help of refrigerated containers, can keep in our homes thanks to the refrigerator. Freezers allow us to buy products in great quantities. For example, ice cream was once a product only for weekends, but today is an everyday product, like bread or butter.

Similarly, almost every home today has ice, which we can use not only for beverages, but also for medical purposes. In addition to long-term food storage, refrigerators permit us to buy pre-prepared food products, which we can freeze and heat up right before eating. This dramatically reduces the time spent on food preparation, and allows all family members to prepare breakfast or lunch – but it also carries a threat. Research has shown that the increase in fast food that can be heated up in the microwave leads directly to poor health and an increase in obesity. But despite the threat we still cannot imagine our homes without a refrigerator – one of the most important human inventions.

Випробування холодильників на заводі у Шарфенштайні, НДР (1959)
Testing refrigerators at a factory in Scharfenstein, GDR (1959)

У ХХ столітті кухонна техніка почала свій інтенсивний розвиток. З'явились такі елементи побуту як газова плита, холодильник, пральна машина, мікрохвильова піч – вони стали базовим обладнанням сучасної кухні. Їхня поява дозволила жінкам оперативніше справлятись із усіма домашніми обов'язками. Але виникає запитання: що техніка нам дає, окрім комфорту? Вона зменшує чи, навпаки, збільшує кількість обов'язків? Перетворює побут на розвагу чи просто урізноманітнює щоденну рутину? Початок 1960-х розпочався з великої хвилі продажу кухонного обладнання. Разом із вмонтованою кухнею електричне обладнання стало головною лінією технічної революції кухонних предметів. Але чи веде це до революції звичаїв? Більшість кухонної техніки розробляли чоловіки, але використовували жінки. Ще донедавна чоловіки на кухні були насамперед споживачами їжі. В тогочасній рекламі усі технічні знаряддя репрезентувались жінкам як основним споживачкам цієї техніки, хоча платоспроможними покупцями були переважно чоловіки. Розвиток техніки, здавалось би, руйнує бар'єри стереотипів щодо розподілу обов'язків між чоловіками та жінками. Та, попри зменшення навантаження, домашня робота зазвичай залишається обов'язком жінки.

In the 20th century kitchen technology began to develop intensively. New elements of everyday life appeared – like the gas stove, the fridge, the washing machine, the microwave oven – that now constitute the fundamental equipment of today's kitchen. Their appearance allowed women to manage all household duties and responsibilities. But we might wonder: what does technology bring us besides comfort? Does it diminish, or does it, on the contrary, only increase our responsibilities? Does it turn work into entertainment, or only shake up our everyday routine? The 1960s began with a wave of new kitchen equipment. Together with the built-in kitchen, electric equipment became the main focus of technological revolution in household objects. But did this lead to a revolution in tradition and customs? The majority of kitchen technology was produced by men, but used by women. Until recently men entered the kitchen chiefly to consume food. In advertising all the various technological tools showed women as the main consumers of this technology – even though the buyers of these products were primarily men. The development of technology, it seemed, destroyed the barriers and stereotypes around the separation of responsibilities between men and women. But still, household work remained and remains chiefly a woman's responsibility.

*Техніка заводу ріжучих інструментів
та металевих виробів (м. Клінгенталь)
на Осінньому ярмарку в Ляйпцігу, НДР (1954)*

*Equipment from the Factory of Cutting Instruments
and Metal Objects (Klingenthal) at the Autumn Fair in
Leipzig, GDR (1954)*

РАЦІОНАЛІЗАЦІЯ ПРОСТОРУ АБО "НАЙМЕНША ФАБРИКА У СВІТІ"

RATIONALIZING SPACE, OR "THE SMALLEST FACTORY IN THE WORLD"

У пральні житлового комплексу в Нюрнберзі, НДР (1961)
The laundry room at the residential complex in Nuremberg, GDR (1961)

Прання

За останні 100 років традиційне прання, яке складалося із цілої низки механічних дій, як-от замочування, вибілювання лугом (золою), власне прання, виварювання, полоскання, викручування та вибілювання на сонці, змінилося до невпізнання. Якщо у минулому прання траплялося в середньому 52 рази на рік, то тепер ця процедура відбувається майже кожного дня, що в середньому складає 275 разів на рік. Домашні пральні машинки змінили не лише спосіб прання, але й саме значення цієї важливої домашньої рутини. Зміни сталися у моральному, символічному та гендерному вимірах. Ми усвідомлюємо чистоту і свіжість не так, як наші бабусі чи навіть мами. Люди вже не так переймаються боротьбою з бактеріями і тотальною чистотою, що досягається при високій температурі. І хоча зараз прання вже не вимагає фізичних зусиль, до нього залучаються як жінки, так і чоловіки. Якщо запитати у мешканця нашого міста, що означає зробити одяг чи білизну чистими – більшість відповість: випрати у пральній машині. І при цьому 70% людей будуть прати одяг чи білизну при температурі не вище 40°C. Ми доволі швидко прийняли машинну типологію чистоти і часто вважаємо брудним одяг, який просяк потом. Причиною прання стає навіть запах, який має одяг від зберігання у шафі. На початку XXI сторіччя прання – це не просто механічне використання технології, а й цілий комплекс знань і переконань, що передбачають процес сегрегації за типом тканин, чистоти, уявлення про бруд, використання тих чи інших хімічних засобів, сприйняття обов'язку тощо. Сучасна техніка змінила ритм, значення і навички перетворення бруду на чистоту, і зміни ці відбуватимуться й надалі.

Laundry

Over the last 100 years traditional washing – consisting of a series of mechanical actions, like soaking, bleaching (with alkaline or ash), washing, wringing, rinsing, starching and drying in the sun – transformed unrecognizably. In the past, washing happened 52 times a year; now this procedure happens almost every day, which averages about 275 times a year. The washing machine in the home has transformed not only the method of washing, but also the very meaning of this important household routine. These changes have a moral, symbolic and gendered dimension. We understand cleanliness and freshness not as our grandmothers did, and not even as our mothers did. People do not worry that much anymore about the struggle against bacteria and achieving total cleanliness at a high temperature. Although washing does not now demand physical strength, it involves both women and men. If you were to ask a city resident what it meant to make clothes or underwear clean, the majority would answer: washing in the washing machine. And 70% of people will wash clothes or underwear at temperatures not higher than 40 degrees Celcius. We have relatively quickly accepted the machine as a typology of cleanliness and often consider sweaty clothing as dirty. Even the smell that an item of clothing might have acquired from time hung in the closet can lead to washing. At the beginning of the 21st century washing is not only a mechanical use of technology, but also a whole complex of knowledge and convictions, including separating materials by type, cleanliness, our conception of dirt, use of this or that chemical product, our perception of household chores, and so forth. Today's technology has changed the rhythym, the meaning and the habits of transforming dirt to cleanliness, and these changes will continue to happen for a long time.

Літографія "Домашня пральна машина", США (1869)

Lithograph "Home Washing Machine and Wringer", USA (1869)

Діаграма, розроблена урядом США, що показує 7 основних груп харчових продуктів (1943)

USDA nutrition chart showing the "Seven Basic" food groups (1943)

Раціоналізація і науковий підхід виявлялися не тільки у плануванні кухні, а й у вживанні приготованої тут їжі. Починаючи з кінця XIX століття, медики й науковці звертали увагу на важливість для здоров'я збалансованого та різноманітного харчування. Прискіпливу увагу на їжу починають звертати і з естетичних міркувань – у першій половині XX століття в Європі ідеалом краси стає худе здорове тіло.

На формування принципів здорового харчування вплинули кілька наукових відкриттів. Після того, як у 1892 році американець Вілбер Етвотер винайшов спосіб вимірювання калорій. Їжу почали оцінювати відповідно до її енергетичної цінності. У 1912 році польський вчений Казимир Функ виділив органічні сполуки, надзвичайно важливі для життя людини – вітаміни. Науковець зробив висновок: їжа повинна бути різноманітною, аби забезпечувати тіло усіма речовинами та мікроелементами. До розробки норм здорового харчування долучився і росіянин Іван Павлов – він описав механізми рефлекторного виділення слини та шлункового соку. Це свідчило про потребу дотримуватися певного режиму харчування.

У XX столітті в кухонних порадниках починають подавати таблиці для визначення калорійності продуктів та вмісту у них вітамінів. У сімейний побут входить французьке слово "раціон", яке спочатку означало порції корму для тварин. Тепер раціоном називають харчування як комплекс різних наукових аспектів. Правильне приготування їжі визнають важливим і для запобігання захворювань. Лікарі говорять про так звані "хвороби брудних рук", викликані мікробами чи гельмінтами, що потрапляють у їжу із брудом.

The rational and scientific approach appeared not only in designing the kitchen, but also in the use of pre-prepared food. Beginning at the end of the 19th century, medical professionals and scientists turned their attention to the importance of a balanced and varied diet for health. This scrupulous attention to food also emerged from new aesthetic dreams – in the first half of the 20th century a thin and healthy body began to be the ideal of beauty in Europe.

Several scientific innovations shaped new principles of healthy eating. In 1892 the American Wilbur Atwater discovered a method of measuring calories. Food began to be evaluated according to its energetic value. In 1912 the Polish scholar Casimir Funk separated out the organic substances especially important for human life: vitamins. Funk concluded that food must be varied in order to provide the body with all the elements and microelements that it needs. In addition, the Russian Ivan Pavlov contributed to the discussion of norms for hygiene and food by describing the mechanism of saliva production and gastric juices. Pavlov's research testified to the necessity of adhering to a certain dietary regime.

In the 20th century kitchen advice manuals began to appear, with tables detailing the calorie-count of various products and the vitamins contained in them. In everyday family life the French word ration appeared – which at first meant a portion of food for an animal. Now we call a "ration" a food that is a complex of various scientific benefits. Proper food preparation is considered important for avoiding illness. Doctors talk about so-called "illnesses of dirty hands," caused by microbes or parasites that enter food through dirt.

"СОЦІАЛЬНА ЛАБОРАТОРІЯ"

"A SOCIAL LABORATORY"

Людина мусить [десь] мешкати, саме завдяки цій необхідності вона стає здоровою; відтак я запропоную їй детальний режим мешкання.

Адольф Бене, 1930

Habitation is a human necessity, and it is through it that man will become healthy; a diet of habitation will thus be prescribed for him in precise detail.

Adolf Behne, 1930

Економічна криза на зламі століть, вплив Першої світової війни, залучення жінок у виробництво – це лише деякі фактори, які вплинули на переосмислення домашньої сфери, пошук рішень для кухні й ролі жінки у ній. Критика соціального становища робітників також супроводжувалася критикою міщанського стилю життя. Проте саме робітниче житло було ключовим питанням на фоні суспільних проблем, загострених війною. Невелика робітнича кухня, де мешканці їли, милися, працювали, а часто і спали, була чільною темою для соціальних реформаторів та лікарів.

The economic crisis at the turn of the century, the influence of World War I, the entrance of women into manufacturing – these are only a few of the factors that contributed to re-thinking the household sphere and the search for new solutions for the kitchen, and in particular, a woman's role in the kitchen. Criticism of workers' social situation was accompanied by criticism of the bourgeois way of life; however, with all the social problems heightened by the war reform focused specifically on workers' housing. A small workers' kitchen, where residents ate, washed, worked and often slept became a central theme for social reformers and doctors.

Типова шведська кухня 1950-х
Typical Swedish kitchen of the 1950s

124

Якщо до ХХ століття кухня залишалася здебільшого поза увагою архітекторів, то у перших його десятиліттях територія кухні стає тим простором, з яким вони не лише працюють, але для якого представляють найсучасніші рішення та бачення. Це не лише мало змінити щоденне життя, але й сприяти трансформації суспільства. Функціональність, раціональність, чистота ліній, обрахованість кроків, математичне вирахування площі та відстаней були тими критеріями, на основі яких визначали, як має виглядати кухонний простір і процес приготування їжі. Через моделювання кухні можна побачити цінності, які закладалися у саму основу суспільства – сім'ю. Усе це разом впливало на уявлення про те, чи кухня має бути доступною кожній сім'ї, чи її мають спільно використовувати кілька сімей; чи вона має звести до мінімуму зусилля, щоб дозволити жінці витратити їх в іншій сфері, чи важливішим є сімейний затишок і можливості постійного догляду за дітьми.

Until the 20th century architects rarely paid attention to the kitchen, but in the first decades of the century the question of kitchen space proved not only a space for architects to work with, but actually also presented society with the most modern solutions and visions. The kitchen was not only supposed to change everyday life, but also to effect changes in society. Functionality, rationality, cleanliness of lines, a limited number of steps, mathematic measurement of space and distance – these were all arguments about how the space should look and the how the food should be prepared. Through the design of the kitchen we can see the values at the very heart of society: the family. Design shaped our ideas on the family, and vice versa: about whether a kitchen should be accessible for each family, whether several families should use the same kitchen, how to minimize the output of energy in order to allow a woman to spend her energy in a different sphere, whether comfort or the ability to continuously look after the children is more important in a family.

Дослідження кухонь у Швеції в 1940-х
Маленькі кухні 1930-х різко критикували. Сталося не так, як гадали архітектори, - що кухні майбутнього найчастіше використовуватимуть для розігрівання готових консерв. У 1940-х пробували дізнатися, якими насправді є потреби мешканців. Інститут дослідження дому у Швеції, заснований 1944 року, фокусував свою діяльність передусім на дослідженні кухонь, а також здійснював масштабні дослідження функціонування житлового простору. Вони стали вихідним пунктом для затвердження 1950 року першого шведського кухонного стандарту, який здебільшого залишився таким же і до сьогодні.

Research on the kitchen in Sweden in the 1940s
People sharply criticized the small kitchens of the 1930s. It did not turn out how the architects had claimed – that the kitchens of the future would be most used for heating up prepared foods. In the 1940s researchers attempted to find out what the needs of residents actually were. The Institute for the Research of the Home in Sweden, founded in 1944, focused above all on the research on the kitchen, and also implemented mass research on the functionality of the residential space. They became the leading point for confirming in 1950 the first Swedish kitchen standard, which more or less has remained the same even today.

ФРАНКФУРТСЬКА КУХНЯ – "РОБОЧА СТАНЦІЯ"

THE FRANKFURT KITCHEN – "WORKSTATION"

Після Першої світової війни Німеччина, як і інші країни, переживала тривалий період хаосу та розрухи. Великі міста відчували значне загострення нестачі житла. Тому актуальною стала розробка нового, дешевого житла для сімей робітничого класу. "Франкфуртська кухня" – це перша модель кухні масового виробництва, яку збирали на заводі та вмонтовували безпосередньо у квартирі.

В результаті спільної роботи між муніципалітетом міста Франкфурта-на-Майні та архітектором Ернстом Мейєм виникла найпрогресивніша, як на той час, програма соціального житлового будівництва. Проект передбачав планування помешкань, а також дизайн для них. Типові проекти з широким вибором кольорів для меблів та покриття робочих поверхонь емаллю мали полегшити їх прибирання, зробити доступними й масовими.

Найбільш відомим проектом стала модель кухні австрійської архітекторки Маргарет Шютте-Ліхоцкі. Масштаби кухні не перевищували 5,5 м² і відповідали двом принципам: одна кімната повинна мати одну функцію і має бути окрема кухня для кожного домогосподарства. Це була робоча станція, де усі інструменти були розташовані так, щоб ними було легко користуватися. Вузьке приміщення кухні відокремлювалося від вітальні розсувними дверима, а обов'язковими елементами були вікно, 18 підписаних металевих ящиків для зберігання продуктів та ряд гачків, що забезпечували швидкий доступ до необхідних інструментів. Площа була оптимальна, кожен рух – ефективний, кожна дія – цілеспрямована. Також Ліхоцкі експериментувала з новими матеріалами та кольорами: стіни були білі, вентиляційний капюшон відбивав світло від вікна, алюмінієвий умивальник і ящики для продуктів були металево-сірі.

After World War I Germany, like other countries, experienced a lengthy period of chaos and upheaval. Larger cities felt the absence of adequate housing even more significantly. New, cheap housing for working class families was needed urgently. The Frankfurt Kitchen was the first model of a mass-produced kitchen, which was manufactured in a factory and assembled quickly in the apartment.

As a result of collaboration between the municipality of Frankfurt am Main with the architect Ernst May, the most progressive program of social housing project of its day emerged. The project included designs both for housing, and also for organization inside the housing. Typical projects included a wide choice of colors for furniture and covering work surfaces with enamel to facilitate their cleaning.

The most well-known project was the model of Austrian architect Margarete Schütte-Lihotzky. The dimensions of the kitchen could not exceed 5.5 square meters and followed two principles: one room had to have only one function, and every household had a kitchen. This kitchen was a workstation, where all the instruments were arranged in such a way so as to manage them easily. The narrow space of the kitchen was separated from the living room by sliding doors. The necessary elements were windows, 18 metal boxes for storing products, and a series of hooks that permitted quick access to necessary instruments. The space was optimized, each step – efficient, and each action – goal-oriented. Lihotzky experimented with new materials and colors: the walls were white, the ventilation hood reflected light from the window, the aluminum sink and boxes for groceries were grey metal.

Франкфуртська кухня
Frankfurt Kitchen

КУХНЯ: БІЛЬШЕ, НІЖ ПРИГОТУВАННЯ ЇЖІ

THE KITCHEN: MORE THAN FOOD PREPARATION

Модель кухні, об'єднаної з вітальнею або їдальнею, була "полегшеним" варіантом реформування кухні, який базувався на функціональних принципах, але враховував традиційну звичку споживання їжі недалеко від плити. Найбільш відомий проект "мюнхенської кухні" Ерни Мейєр, надзвичайно популярний у всіх соціальних житлових проектах Мюнхена 1920-х років. Ідею кухні-вітальні також лобіював модерніст-архітектор Адольф Лоос. Кухня-вітальня, хоч і менш відома, ніж проект, реалізований у Франкфурті, стала найпоширенішим форматом у повоєнній Європі та Північній Америці, й залишається до сьогодні.

The model of a kitchen combined with a living room or dining room offered a less-extreme variant of kitchen reform, based on principles of functionality, but assuming the traditional custom of consuming food near the stove. The most well-known design was Erna Mayer's project of the Munich Kitchen, which was popular in all social housing projects of 1920s Munich. Modernist architect Adolf Loos was also in love with the idea of the kitchen-living room. The kitchen-living room, not as well known as the project realized in Frankfurt, was the most widespread layout in postwar Europe and Northern America and remains so today.

Кухня об'єднана з вітальнею в помешканні фермера з Айови, США (1941)

Kitchen and living room in the house of a medium-sized farm, Iowa, USA (1941)

Сучасний приклад поєднання кухні
та вітальні
A modern example of a combination
of a kitchen and a living room

Модерність такої кухні визначалася насамперед якістю процесу приготування їжі, який за допомогою нових технологій – насамперед газової плити – дозволяв уникнути смороду і бруду. Опалювання одночасно для кухонної ніші та вітальні було іншим важливим аргументом, особливо у соціальному будівництві. У "франкфуртській кухні" функціональні меблі та чітке розмежування приготування і споживання їжі мали вплинути на санітарію робітничих сімей, економію часу жінки та сприяти приготуванню здорової їжі. Основною перевагою кухні-їдальні або кухні-вітальні була можливість поєднувати приготування їжі з доглядом за дітьми. Скажімо, проект "мюнхенської кухні" передбачав часткове відмежування зони приготування їжі від зони вітальні скляною стінкою. Це робило кухню не лише більшою у розмірі, ніж "франкфуртська модель" але також більш прийнятною для ширшої публіки. Після Першої світової війни вибір мінімальної у розмірі робочої кухні та кухні-їдальні був ідеологічним, економічним і часто становим вибором. Натомість тепер – зі збільшенням площі квартири і можливістю гнучкого планування перегородок – це, радше, питання індивідуального вибору стилю життя.

The contemporary quality of this type of a kitchen is distinguished most of all by the process of food preparation: new technology – like the gas stove – permitted avoiding dirt and mess. Heating the kitchen and the living room at the same time was another important argument for this kitchen – especially in social housing. In the Frankfurt Kitchen, functional furniture and a sharp demarcation between the space for preparing and consuming food was intended to improve the hygiene in working families, economize time for the woman and lead to the preparation of healthy food. One advantage of the kitchen-dining room or kitchen-living room was the possibility of combining a space for preparing food with looking after children. Indeed, the Munich Project imagined a partial separation of the cooking zone from the living room with a glass wall. This made the kitchen not only larger in size than the Frankfurt Model, but also more acceptable to a wider public. If after World War I the choice of a small kitchen and kitchen-dining room was ideological, economic and often the only choice – today, with an increase in apartment size and possibility for flexibility in partitions – it is more a question of individual lifestyle choice.

"ІДЕОЛОГІЯ ЗВІЛЬНЕННЯ" АБО "ПОДВІЙНЕ НАВАНТАЖЕННЯ"
"IDEOLOGICAL LIBERATION" OR "A DOUBLE BURDEN"

Кухня стала не лише символом радикальної спроби соціального перетворення у радянській державі, але й яскравим прикладом суворої буденності, пристосування та виживання у складних побутових умовах, збільшення навантаження на сім'ю – насамперед на жінку.

Григорій Шегаль, плакат "Геть кухонне рабство!" (1931)
Gregory Shehal, poster "Down with kitchen slavery!" (1931)

Лозунги про звільнення жінки від так званого домашнього "рабства", аби вона могла працювати поза домом на користь суспільства, залишалися словами. Більшість жінок мала поєднувати щонайменше дві функції, до того ж в умовах соціальних експериментів, які проводила держава. Ідеї спільного побуту втілювалися у вигляді закладів колективного харчування, виховання й освіти для дітей, а ідеї про гендерну рівність – в уявленнях про сім'ю, роль жінки, статеві та родинні взаємини. Такі радикальні практики як вільні комуни можна спостерігати лише на початку існування радянської держави. Насправді проблеми з побутом лягали на сім'ї, і насамперед на жінок. Побутував вислів: "Цілий день біля мартену" (мартен – це піч для переробки чавуну). Йшлося про подвійне навантаження на жінку: після цілого дня на роботі її чекала домашня праця та приготування їжі для сім'ї.

The kitchen is not only the symbol of a radical attempt at social transformation in Soviet society, but a sharp example of the austerity of Soviet everyday life, adjustment to complicated everyday conditions, and an increase in burdens on the family – especially the wife.

Slogans for the liberation of woman from household "slavery" for work outside the home remained only words. Most women had to combine at least two functions under the government's social experiments. The ideas of social life were realized on the examples of collective eating, education and upbringing for children, and life in communal apartments. Ideas about gender equality were realized on new ideas about the family, the role of the woman, social and household relations. Such radical practices as free communes existed only in the early Soviet years. In reality, problems with everyday life lay on the family, and most of all on women. The expression "all day by the stove" spoke to a woman's dual burdens: after an entire day at work, household chores and making dinner for her family awaited.

КОМУНАЛЬНА КУХНЯ: ІДЕЯ ТА РЕАЛЬНІСТЬ

THE COMMUNAL KITCHEN: IDEA AND REALITY

Радянська держава у 1920-х роках не лише пропагувала нове бачення суспільства, але й змагалася з повоєнною розрухою, успадкованими соціальними проблемами і наслідками власної політики. Радянська ідеологія передбачала побудову нового суспільства та перегляд відносин між людиною і державою, між чоловіками й жінками, між житлом і його мешканцями, між сусідами і знайомими. Скасування приватної власності та перехід усього житлового фонду у руки держави також стали потужним та ефективним засобом управління і контролю.

Перерозподіл майна, пропаганда колективного способу життя для створення нового суспільства, переселення робітників у помешкання в центрі міста та обмежений житловий фонд мали довготривалі наслідки. Комунальна квартира стала однією з основних форм житла у радянській державі, а комунальна кухня – одним із її найяскравіших образів. Тут дійсно відбувалася жвава комунікація, і люди проводили час незалежно від приготування їжі та її споживання – у розмовах, плітках і конфліктах. Кухня, якою користувалося декілька сімей, зазвичай мала декілька газових плит, умивальників, столів і шафок. Тобто спільний простір для всіх мешканців квартири максимально приватизувався кожною сім'єю чи мешканцем кімнати. Зовнішній вигляд комунальних кухонь часто був неохайний, оскільки кожен слідкував насамперед за чистотою своїх предметів, а не приміщення загалом. Тут складно було говорити про науковість, вивіреність чи вимірність самого приміщення. Така кухня за своїм облаштуванням була близькою до кухні XIX століття – вона складалася з випадкових меблів, пристосованих до потреб і можливостей, розміщених залежно від ситуації, а не з огляду на ефективність приготування їжі.

The Soviet government in the 1920s not only promoted a new vision of society, but also struggled with postwar destruction, combined with inherited social problems – and the consequences of their own policies. Soviet ideology imagined the construction of a new society and re-evaluation of relations between

Кухня комунальної квартири у Санкт-Петербурзі (2006)
Цю плиту використовують дві сім'ї, кожна з яких чистить (або не чистить) лише свою половину.

Kitchen in communal apartment in St. Petersburg (2006)
This stove is used by two families, each cleans (or not) only their half.

people and government, between men and women, between housing and its inhabitants, between neighbors and acquaintances. The liquidation of private property and the transfer of the entire housing stock into the hands of the government also made a powerful and effective means of ruling and control.

The re-distribution of property, propagandizing a collective way of life for the creation of a new society, resettling workers in housing in the city center, and limited housing stock had long-lasting consequences. The communal apartment became one of the main forms of housing in Soviet society – and the communal kitchen, one of its sharpest images. Here apart from preparing and consuming food, we could see vibrant communication and people spending time – in conversations, gossip and conflicts. The kitchen used by several families, as a rule, had several stoves, sinks, tables, and cabinets. And so the communal space for all residents of the apartment was as much as possible "privatized" by each family or apartment resident. Often the outer appearance of communal kitchens was untidy, because each person took care of the cleanliness only of his own things, and not of the space as a whole. It is difficult to talk about science, verification, or measurability of the space itself in the communal kitchen. Such a kitchen was closer to the 19th century kitchen in terms of its organization. It included whatever furniture might be available, used according to the needs and possibilities of its inhabitants and arranged according to the situation and not with a focus on efficient food preparation.

"6 М² МРІЇ": КУХНЯ У "ХРУЩОВЦІ"

"6 METERS SQUARED": THE KHRUSHCHOVKA KITCHEN

Кухні у "хрущовках" були розроблені за проектом "франкфуртської кухні": відокремлені від інших кімнат, розраховані лише на одну людину і передбачені лише для приготування їжі. Проте "хрущовська" кухня, незважаючи на мікроскопічні розміри, стала центром комунікації усієї сім'ї. "Кухонні розмови" – це окрема сторінка щоденного, а також суспільного та культурного життя радянського суспільства.

Прихід до влади Микити Хрущова у 1956 році асоціюється насамперед із "відлигою" та початком масштабної квартирної програми. Метою програми було забезпечити усі сім'ї, насамперед молоді подружні пари, житлом протягом 12 років. А лозунгом було: "будуй швидко, дешево і якісно". Усі елементи конструкцій виготовлялись на заводі та збиралися уже безпосередньо на будівництві. Будинки мали максимум 5 поверхів, щоб уникнути ліфтів. Для економії обігріву параметри квартир були надзвичайно малі, а висота стелі не перевищувала двох метрів. Цього мало вистачити для життя.

"Хрущовки" – це водночас здійснення мрій для багатьох і житло низької якості, яке прозвали "хрущобами". З часом такі квартири перетворювались на комунальні. Молоді подружні пари часто залишались жити з батьками, оскільки орендувати квартири було складно, а стояти на черзі довго. Отримання окремої квартири для кожної сім'ї залишалося мрією для багатьох, а з нею – й омріяна окрема кухня.

Kitchens in Krushchovky were produced according to the Frankfurt Kitchen: separated from other rooms, measured for one person and envisioned only as a space for food preparation. However the Khrushchovka kitchen, despite its microscopic size, became the center of communication for the whole family. "Kitchen Conversations" became a separate page of everyday activity, as well as a crucial component of the social and cultural life of Soviet society.

Будинки на вул. Мориса Тореза (тепер вул. Сергія Литвиненка), №№16-14-12, належать до житлової забудови 1950-60-х років. Це одні з перших новобудов цього часу у Львові.

Наприкінці 1950-х-на початку 1960-х років розпочалася масова забудова Нового Львова так званими "хрущовками", що певною мірою було кроком до вирішення житлової проблеми.

The buildings Numbers 12, 14, and 16 on Morris Torez Street (now Serhii Lytvynenko Street) belong to the residential construction of the 1950s-1960s. These are some of the first new buildings of this period in Lviv.

At the beginning of the 1950s-1960s the mass construction of New Lviv began with so-called "Khrushchovky," which to a certain degree were a step towards solving the housing problem.

Nikita Khrushchev's accession to power in 1956 is associated primarily with the Thaw and the beginnings of a massive program of apartment construction. The goal was to provide all families, especially young married couples, with housing over the course of 12 years. The slogan was "Build fast, quick, and quality!" All the elements of construction were prepared in the factory and gathered immediately for construction. Buildings had a maximum of 5 stories in order to avoid elevators. To economize heating the dimensions of the apartments were very small, and the ceilings only just exceeded 2 meters. This was supposed to be enough to live. Khrushchovky were at once a dream come true for many people and also housing of poor quality, called Khrushchoby. With time such apartments became communal. Young married couples often remained at home with their parents, because renting apartments was complicated, and to wait in line for their own apartment took a long time. Aquiring a separate apartment for every family remained a dream for many people, and with this dream remained the fantasy of a separate kitchen.

М. Скоренко – домогосподарка готує обід на газовій плиті, Київ (1948)

M. Skorenko – housewife prepares dinner at a gas stove, Kyiv (1948)

СУЧАСНА КУХНЯ: РОЗВАГА ДЛЯ ОБОХ, А НЕ ОБОВ'ЯЗОК ДЛЯ ОДНОГО

THE KITCHEN TODAY: ENTERTAINMENT FOR TWO, NOT DUTY FOR ONE

Чи не найбільшою трансформацією, що відбувалась протягом XX століття у кухні, стало її фізичне і символічне переміщення у центр дому. Зміни у сфері розподілу обов'язків на кухні були менш радикальними, але доволі помітними: чоловіки – уже не лише платоспроможні клієнти, але й учасники приготування їжі. Приготування їжі – це не лише рутина та обов'язок, але й хобі та дозвілля. На телебаченні з'явилися кулінарні телепередачі і рекламні ролики, орієнтовані і на жінок, і на чоловіків. Публікуються книги рецептів безпосередньо для чоловіків. З 80-х років XX століття стає популярною кухня відкритого типу. Об'єднана з вітальнею, це кухня для життя, а не кухня для приготування їжі. Хоча кухня сьогодні може бути максимально обладнаною технікою, тут готують набагато менше. Для багатьох звичними і все більш доступними місцями харчування є кафе, ресторани та фаст-фуди. Кухня вдома стає центром комунікації, дозвілля й емоційного відпочинку, до якого залучаються усі члени сім'ї та друзі.

The greatest transformation that took place during the 20th century in the kitchen was its physical and symbolic transfer into the center of the home. Changes in the sphere of distributing responsibilities in the kitchen were less radical, but we can still notice changes. For example, men already are now not only financially-responsible buyers, but also participants in food preparation. Cooking is not only a routine and a chore, but a hobby and a leisure activity. Cooking shows on television are growing exponentially, and advertising is directed both at women and men. Cookbooks are published for men. From the 1980s an open kitchen became increasingly popular. Combined with the living room, this kitchen is a kitchen for life, not just a kitchen for cooking. Although today's kitchen might be equipped with maximum technology, here we cook much less. Many people increasingly eat in cafes, restaurants, and fast food establishments. The kitchen at home is more and more a center of communication, leisure and emotional relaxation, for all family members and their friends.

Сучасна кухня компанії Poggenpohl
Modern kitchen by Poggenpohl

СУЧАСНА КУХНЯ: РОЗВАГА ДЛЯ ОБОХ, А НЕ ОБОВ'ЯЗОК ДЛЯ ОДНОГО

THE KITCHEN TODAY: ENTERTAINMENT FOR TWO, NOT DUTY FOR ONE

Сучасні кулінарні книги
Modern cookbooks

ВАННА КІМНАТА:

ДЛЯ ЧИСТОТИ – І ЗНОВУ ДЛЯ ЗАДОВОЛЕННЯ

THE BATHROOM:

FOR CLEANLINESS – AND ONCE AGAIN FOR PLEASURE

ДЛЯ ЧИСТОТИ – І ЗНОВУ ДЛЯ ЗАДОВОЛЕННЯ

FOR CLEANLINESS – AND ONCE AGAIN FOR PLEASURE

Тема гігієни та санітарії була однією з провідних у дискусіях про соціальні реформи у XIX столітті. Вона була тісно пов'язана з дебатами про причини поширення заразних хвороб. Впливова у той час "теорія міазмів" пояснювала появу захворювань, особливо холери, "поганими випарами", що передавалися повітряним шляхом. Їх джерелом у містах були насамперед вигрібні ями з фекаліями та цвинтарі. Хоча ця теорія була визнана помилковою і її витіснила "теорія бактерій", саме вона спричинила появу багатьох ініціатив, спрямованих на покращення вентиляції та каналізації будинків і помешкань.

"Теорія бактерій", що набула поширення у другій половині XIX століття, зумовила посилення особистої гігієни та чистоти. Оскільки бактерії є невидимими, то боротьба з ними передбачає не лише усунення видимого бруду чи запаху, але й вимагає ретельного та постійного миття. Хвороба тепер сприймається не як випадок фатуму, але як показник нехлюйства, розхлябаності та оцінюється як моральна поразка людини чи родини. Якщо XIX століття – це час поширення ідеї вмивання як необхідності і морального обов'язку, то саме XX століття – це час перетворення її на рутинну практику. І саме тоді виокремлюється ванна кімната як однофункційне приміщення для миття, щоб згодом стати місцем, де також можна відпочити. У ванній кімнаті тепер не лише можна позбутися небезпечних бактерій, але й отримати задоволення та розслабитися. Це, можливо, єдине місце в помешканні, де можна перебувати абсолютно на самоті.

Hygiene and sanitation dominated the discourse of social reform in the 19th century. These ideas were closely tied with debates about the causes of the spread of contagious diseases. The "miasma theory," highly influential at the time, explained the appearance of illness, especially cholera, through "noxious vapors" that were transmitted through the air. The source of these "vapors" was thought to be open latrines and cemeteries in cities. Although this theory was generally proven to be wrong and challenged by the "bacteria theory," still the "miasma theory" led to many initiatives aimed at improving home ventilation and plumbing.

The bacteria theory spread widely in the second half of the 19th century, and led to increased personal hygiene and cleanliness. Because bacteria are invisible, the fight against them demands not only the elimination of dirt and smell, but also attentive and constant cleansing. Society now considered illness not an accident of fate, but rather a sign of slovenliness, laziness, and moral failure on the part of the individual or the family. If the idea of cleansing as a necessary and moral responsibility marked the 19th century, then the transformation of this idea into a routine practice marked the 20th century. And it was precisely in the 20th century that the bathroom was set apart as a space exclusively designated for cleansing, and would soon be a place where one could also relax. In the bathroom we now not only get rid of bacteria, but we also find contentment and rest. This is possibly the only place in our living space where we can be entirely and completely alone.

Андерс Цорн. Купання перед
дзеркалом   (1888)

*Anders Zorn. Bath in front
of a mirror (1888)*

IF YOU SMELL: NORMS AND PREJUDICES

Я не звинувачую працівника за те, що він смердить, але це не змінює самого факту. Це дуже ускладнює контакт з ним, особливо для людини із вразливим нюхом. Ранкова ванна розділяє класи сильніше, ніж походження, багатство чи освіта.

Сомерсет Моем, 1922

I do not blame the working man because he stinks, but stink he does. It makes social intercourse difficult for persons of a sensitive nostril. The matutinal tub [morning bath] divides the classes more effectively than birth, wealth, or education.

Somerset Maugham, 1922

Вживання означень "брудний" або "чистий" майже завжди несе емоційне, символічне, а також моральне забарвлення. Такі оцінки часто співвідносяться з ієрархізацією у суспільстві – поділом його на групи за гендерною, расовою, класовою чи віковою ознаками. Запах, а відтак і дотримання певних норм чистоти, у суспільстві часто служить за маркування "свій"/"чужий", "добрий"/"поганий". Протягом ХІХ століття ідея гігієни стає лінією поділу між сільським і міським, цивілізованим і варварським, стаючи інструментом дискримінації та змін у суспільстві. У столітті "масових рухів" дотримання норм чистоти перестає бути лише свідченням статусу та суспільної ролі окремої особи, а стає умовою її перебування у тій чи іншій спільноті. Так, саме у фізичному відрусі, спровокованому неприємним запахом, Джордж Оруел вбачав "основний секрет" поділу станів.

В Англії упередження до робітників – недавніх селян – виявлялися у твердженнях, що навіть якщо дати їм ванну, то її використають для збереження вугілля. Так само у повоєнному Львові упередження до нових, часто недавно сільських, мешканців міста знаходили вияв у історіях про утримання птиці у ваннах. Така характеристика служила для протиставлення "міський" – "сільський", "свій" – "чужий", "сучасний" – "відсталий", і навіть "місцевий" – "радянський". Ми ще досі можемо почути про це як у публічних, так і у приватних висловлюваннях.

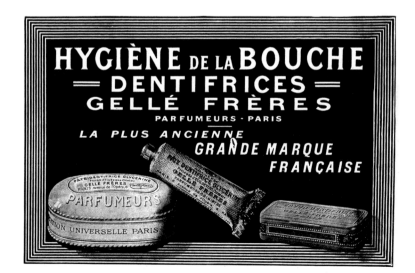

Реклама засобів гігієни у французькому часописі L'ILLUSTRATION (1918)

На початку ХХ ст. засоби масової інформації та реклама нарівні з лікарями-гігієністами пропагували чистоту серед населення. Виробники засобів гігієни водночас задовольняли потребу у них та підвищували рівень суспільної норми, що створювало зворотній попит.

Advertising hygiene in the French magazine L'ILLUSTRATION (1918)

At the beginning of the 20th century, mass media and advertising, together with doctors and hygienists, promoted the idea of cleanliness among the greater population. Products created to improve hygiene both fulfilled their practical purpose, and also raised the level of social norms – in order to create demand for these products.

The use of the terms "dirty" or "clean" almost always carries an emotional, symbolic, as well as a moral weight. Such evaluations often co-relate with social hierarchy, dividing it into groups by gender, race, class or age. Smell, and the maintenance of certain norms of cleanliness, often serves as a social marker of "our own/other," or "good/bad." Throughout the 19th century the idea of hygiene became a dividing line between rural and urban, between civilized and barbarian, and even became an instrument of discrimination and social change. In the century of "mass movements" the compliance with norms of cleanliness ceased being only proof of status and an individual's social role, but even became a condition for the individual's ability to remain in this or that community. Indeed, George Orwell foresaw the "real secret" of class divisions as the physical repulsion provoked by an unpleasant smell.

In England the prejudice against workers – who were villagers not so long ago – and the bath manifested itself in assertions that even if you gave workers a bath, they would just use it for keeping coal. Similarly, in post-war Lviv the prejudice towards the new – formerly rural – inhabitants of the city found itself in stories about them keeping chickens in the bathtub. Such a characteristic served for the juxtaposition of "urban" with "rural," "ours" with "other," "modern" with "backward" and even "local" with "Soviet." Remnants of these ideas in both public and private discourse remain even today.

Співачка Джо Стафорд перед дзеркалом.
Фото Вільяма Готліба (1946)

Singer Jo Stafford by the mirror.
Photo by William P. Gottlieb (1946)

"ЧИСТИЙ" ПРОГРЕС

"CLEAR" PROGRESS

У двадцятому столітті бруд асоціюється з традиційністю та відсталістю, а сучасність і поступ – з дотриманням чистоти та гігієни. Втілення проектів радикальних суспільних перетворень часто мало фатальні наслідки.

Образ "іншого" як "брудного" та "небажаного" використовувався у нацистській пропаганді проти євреїв та циган. Метою було сперш символічна, а потім і фізична ізоляція їх зі суспільства та знищення. У Радянському Союзі 1920-х років боротьба за чистоту, зокрема серед робітників, дорівнювала боротьбі за формування нової людини з соціалістичною свідомістю. Водночас "ворогів" називали "бацилами" та "паразитами" суспільства. Бруд і неохайність асоціювалися з бідністю та деградацією, тоді як правильний режим і регулярне вмивання свідчили про перемогу ідеалів революції. Чистота окремої людини супроводжувалася ідеями про "очищення" та "чистки" суспільства.

Ілюстрація до книги "Харчування школяра" (1961)
Суб'єктом пропаганди часто ставали діти, а знання про гігієну поширювали через школи та дитячі садки. Так вибудовувалося сприйняття вмивання як загальноприйнятої норми.

Illustration from the book "Nutrition of a pupil" (1961)
Children often became the subject for propaganda, and knowledge about hygiene spread in nursery and elementary schools. And thus the acceptance of cleanliness as a generally-accepted norm was constructed.

In the 20th century dirt was associated with tradition and backwardness, and cleanliness and hygiene with modernity and progress. This association had real and often fatal consequences in the realization of radical projects of social engineering.

Nazi propaganda used the image of "the other" as "dirty" and "undesired" against the Jewish and Roma populations, with the goal of first their symbolic, and later their physical, exclusion from society, and eventually their destruction. In the Soviet Union in the 1920s the struggle for cleanliness, especially among workers, was equated with the struggle to forge a new man with a social consciousness. At the same time, "enemies" were presented as "bacteria" and "parasites" in society. Dirt and untidiness suggested poverty and degradation, while a proper regime of regular cleansing testified to the victory of the ideals of the Revolution. Cleanliness of the individual, then, accompanied ideas about "cleansing" and "purging" of greater society.

Радянський постер "Іди в баню" (1932)
Soviet poster "Come to the bath" (1932)

Ванна кімната сучасного типу з'являється після Першої світової війни. Основною передумовою для цього стає проведення каналізації та водопроводів у містах, що дозволило механічну подачу і злив води для ванни, умивальника та унітазу. З 1920-х років емальовані ванни входять у масове виробництво. Втім, для мешканців більшості країн, зокрема й колишнього Радянського Союзу, до середини XX століття, і навіть до сьогодні, окрема ванна є розкішшю. У Радянському Союзі колективне миття, як і комунальні кухні та пральні, мало також на меті відволікти людей від сім'ї та обтяжливого побуту. Проте часто за ідейними фразами про "звільнення від побуту" ховалася нездатність організувати подачу гарячої води до квартир.

The bathroom of a modern type appeared after World War I. The primary prerequisite for this was the spread of plumbing in ci-ties, which allowed the mechanical supply and draining of water for the bath, sink, and toilet. From the 1920s enamel bathtubs entered mass production. Still, for inhabitants of most countries, including the Soviet Union, until the middle of the 20th century – and even up to today – a separate bathroom is a luxury. In the Soviet Union the communal bath, together with the communal kitchen and washing, had the goal of separating people from their families and everyday burdens. Still, behind the idea of the phrase "freedom from everyday life" often lurked the inability to facilitate the distribution of hot water to apartments.

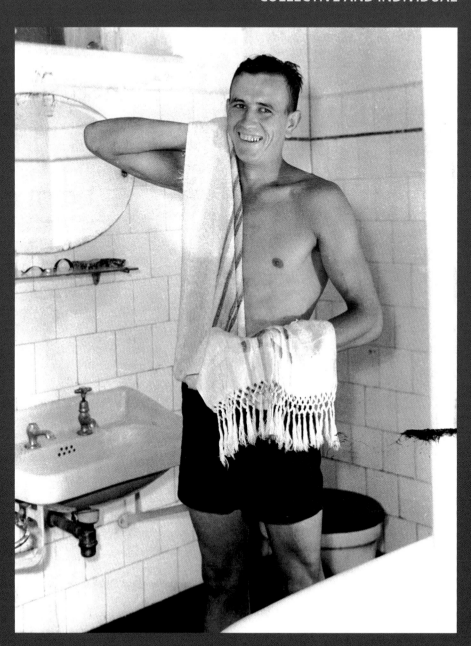

Столяр мукачівської меблевої фабрики В. Білас у себе в ванні (1957)
Carpenter of Mukachevo furniture factory V. Bilas in his bathroom (1957)

САНІТАРНА ВАННА

THE SANITARY BATH

На межі XIX-XX століть під впливом зміни гігієнічних норм у побут входить обладнана ванна кімната, характерна насамперед своїм мінімалізмом та функціональністю. Тепер вона пропагується уже не як забаганка або символ статусу, а як необхідність. Тоді ж у Британії скасовують податок на мило як товар-люкс, що існував з XVII століття. В інтер'єрі переважають матеріали, які легко мити – кахельна плитка, емаль, скло та нікель. Підлогу настеляють матеріалом, що не вбирає вологу – плиткою або лінолеумом. Біла стерильність ванни робить її схожою на лікарню, але водночас підкреслює її гігієнічність. Ванна стає символом модерності, де люди мають усвідомлювати зв'язок між чистотою, здоров'ям і суспільним обов'язком.

At the turn of the 20th century, under the influence of a change in hygienic norms, the fully-equipped bathroom entered everyday life. Characterized, above all, by its minimalism and functionality, the bathroom was not yet considered a whim or status symbol, but as a necessity. In Britain, the tax on soap as a luxury good – which had existed since the 17th century – was abolished. In the bathroom interior materials which cleaned easily – tiles, enamel, glass and nickel – dominated. Indeed, the floor was covered with a material that would not absorb dampness, such as tile or linoleum. The white sterility of the bathroom made it resemble a hospital, but also underscored its hygiene. The bathroom became a symbol of modernity, where people became aware of the connection between cleanliness, health, and social responsibility.

Типова ванна кімната 1930-х років, з умивальником та бра у стилі Арт Деко

Біла стерильність ванни, що нагадувала шпиталь підкреслювала її гігієнічність та безпеку від бактерій.

A typical 1930s bathroom with art deco inspired pedestal sink and wall sconces

The white sterility of the bathroom, which made it resemble a hospital, underscored its hygiene and safety from bacteria.

Душ

Історія душу найкраще демонструє зміни у способі миття та в уявленнях про гігієну. Ванна аж до середини двадцятого століття була популярнішою в домівках, а душ використовували у публічних місцях – школах, басейнах, на фабриках. У ваннах були насадки для душу, але душова кабіна була рідкістю. Ситуація починає змінюватися у другій половині століття, коли душ поступово витісняє ванну. З'являються окремі душові кабіни, спершу прості, згодом обладнані різними приладами та регуляторами. Душ більше відповідає швидкому ритмові життя мешканця сучасного міста, натомість ванна є місцем для релаксації.

The Shower

The history of the shower best demonstrates the change both in the means of cleansing, as well as in the popular idea of hygiene. The bathroom, up to the middle of the 20th century, was more popular in homes, and the shower in public places – schools, pools, factories. Bathrooms included nozzles for showers, but shower cabins were a rarity. The situation began to change in the second half of the century, when the shower slowly replaced the bathtub. Separate shower cabins appeared, at first simple, and then equipped with various accoutrements and controllers. The shower responds more to the quick rhythm of life of the modern city dweller, whereas the bathtub is a place of relaxation.

Сучасна душова кабіна
Modern shower cabin

КОМУНАЛЬНА ВАННА

THE COMMUNAL BATH

Ванна – як і кухня та коридор – у комунальній квартирі є частиною спільного простору, де відбувається взаємодія між сусідами. Тут перуть і сушать одяг, миються та складають старі речі. Однак вмивання сприймається як інтимний акт, і необхідність ділити простір ванни з іншими часто призводить до конфлікту. Приватність зникає або звужується до мінімуму. Бажання уникнути непорозумінь і водночас дотриматися гігієни призводить до виокремлення особистого простору у спільному. Скажімо, умивальники чи ванни, якими користуються інші мешканці, вважаються негігієнічними. Але якщо не варто митися у спільній ванні, то можна поставити у неї тазик. Часом кожна сім'я має своє окреме сидіння для унітазу. Ідея "негігієнічності" спільного простору та бажання зберегти інтимність виступають основою для створення правил і законів спільного користування ванною.

The bathroom – like the kitchen and the hallway – in a communal apartment is a part of communal space, where interactions between neighbors takes place. Here clothes are washed and dried, worn-out things are cleaned and laid out. However, washing was considered as an intimate act, and the necessity of sharing the bathroom often created conflict. Privacy disappeared or was reduced to a minimum. The desire to avoid conflict, but at the same time to maintain hygiene, led to separating personal space from communal space. Indeed, washbasins or bathtubs used by other inhabitants were considered unhygienic. In order not to wash in the communal bath, one could place a basin in the tub. At times each family had a separate seat for the toilet. The idea of "unhygienic" communal space and the desire to conserve intimacy became the foundation for the creation of rules and laws about communal use of the bathroom.

Комунальна ванна, Санкт-Петербург
The Communal Bath, St. Petersburg

Графік користування ванною кімнатою в комунальній квартирі,
Санкт-Петербург (2006)
Schedule of using the bathroom in a communal apartment,
St. Petersburg (2006)

Американська реклама 1950-х часто використовує образ жінки як головної героїні ванної кімнати. На ній – легкий прозорий халат, а навколо – флакони з парфумами і косметичні засоби. Вона зайнята купанням дітей. Тут ванна є жіночим простором. Повоєнна "нормалізація" та закріплення родинних цінностей, "розхитаних" війною, помітні не лише у наголошенні функціональності ванни, але й у її естетиці. У ванні як жіночому просторі переважає кокетливість та рожевий колір. Чистота, краса та родина підкреслюють і закріплюють у свідомості споживачів цінність сім'ї, її добробуту та основну роль жінки – бути красивою та дбати про дім, чоловіка і дітей.

American advertising of the 1950s often used the image of a woman as the central heroine of the bathroom – in a light and gauzy robe and surrounded by perfume bottles and cosmetics and fully occupied with bathing the children. The bath here becomes a feminine space. The postwar "normalization" and the strengthening of family values, which had been relaxed during the war, were visible not only in emphasizing the bath's functionality, but also its aesthetics. Coquettishness and the color pink dominated the bathroom as a female space. Cleanliness, beauty, and family underscored and strengthened in consumer consciousness the values of family, family welfare, and the primary role of the woman – to be beautiful and to take care of the household, husband and children.

Ванна у США, 1950-ті
Bathroom in the USA, 1950s

МАТЕРІАЛИ ТА МАСОВІСТЬ

MATERIALS AND MASS PRODUCTION

Вибір матеріалів для ванни та догляду за нею диктувався ідеями про те, які з них забезпечать найвищий рівень чистоти, найбільшу відпірність до бруду та будуть найкращими для чищення і прибирання. У ванні з'являються найновіші винаходи хімічної промисловості. Тут масово застосовують нові матеріали та засоби для чищення і миття. Промислове виробництво сплавів нікелю, сталі, чавуну змінили вигляд ванн, а емалювання дозволило створити зручну поверхню для чищення й дотику. Конвеєрне виробництво стальних та чавунних, а згодом акрилових і пластикових ванн перетворило їх на стандартне обладнання квартир. У середині XIX століття почали виробляти кахельну плитку – вона стала основним облицювальним матеріалом для підлоги та стін ванни.

The choice of material for the bathroom was dictated by ideas of which material would ensure the highest level of cleanliness, be most dirt-resistant and easiest to clean. The bathroom thus became the place where the newest inventions of the chemical industry were introduced. New materials and cleaning detergents are put to extended use here. Industrial production of compounds of nickel, steel, and cast-iron changed the appearance of bathtubs, while enameling created a surface that's easy to clean and pleasant to the touch. Assembly-line production of steel and pewter – and eventually acrylic and plastic bathtubs – turned them into standard items in every apartment. The manufacturing of tiles began in the mid-nineteenth century, and soon tiles became the chief covering material for bathroom floors and walls.

На будівництві, Дрезден (1959)
On building yard, Dresden (1959)

148

EN L'AN 2000

Поштівка з серії "Франція у 2000 році. Пані у своїй ванній кімнаті" (1910)
Paper card "France in 2000. Madame at her Toilette" (1910)

Ванна кімната разом з кухнею формує механічний центр помешкання. Тенденція до оснащення ванни технічними новинками підсилилася наприкінці ХХ століття. Джакузі чи сауна у приватному помешканні є привілеєм заможних людей, однак поступово й вони починають бути доступними для представників середнього класу. Останніми тенденціями в обладнанні ванни є застосування цифрових технологій, що допомагають з точністю регулювати кожен аспект вмивання. Та попри технологізацію ванна залишається простором, де люди розпочинають і завершують день, де – майже завжди – поважають право людини залишитися на самоті.

The bathroom, together with the kitchen, formed the mechanical center of living space. The tendency to equip the bathroom with technological novelties increased at the end of the 20th century. The Jacuzzi or sauna in private space is a privilege of wealthy people; however, these slowly became accessible for the middle classes. Recent trends in bathroom furnishing are the use of digital technology, which helps to clearly regulate each aspect of cleansing. But despite the technology, the bathroom remains a space where people start, plan, and end their day, where – almost always – a person's right to solitude is respected.

BATHROOM – SOLITUDE

У СРСР ванна кімната в густо заселених чи комунальних помешканнях ставала символом інтимності та певної незалежності. Не випадково рок-музикант і поет Майк Науменко написав текст пісні, яка була популярною не лише у Ленінграді, але й серед неформалів усього СРСР.

In the USSR, the bathroom in dense populations or communal apartments became a symbol of intimacy and a certain independence. It was not accidental that rock musician and poet Maik Naumenko wrote this text for a song, which was very popular not only in Leningrad, but also among all USSR non-conformists.

"Ода ванной комнате" (группа "Зоопарк")

Ванная – это место, где можно остаться
совсем одному,
Сбросить груз забот, растворить их в воде.
Дверь заперта, и сюда не войти уже никому.
Ты наконец один, совсем один в этой белой пустоте.
Ванная – это такое место, где можно раздеться
совсем донага,
Вместе со своей улыбкой сбросить страх и лесть.
И зеркало – твой лучший друг – плюнет тебе в глаза,
Но вода все простит и примет тебя таким,
какой ты есть.
О боже, как хочется быть кем-то – миллионером,
рок-звездой,
Святым, пророком, сумасшедшим или хотя бы
самим собой.
Самим собой – это сложно, но это возможно
Лишь только здесь.
Ванная – это место, где так легко проникнуть
в суть вещей,
Поверить, что ты знаешь, где правда, а где ложь.
А главное – никто не видит, чем ты занят здесь,
То ли режешь вены, то ли просто блюешь.
О, ванная комната, пою тебе хвалу
За простоту, за чистоту, за мыло и за душ,
За всепрощение, за воскрешение,
За очищение наших душ.

Ode to the bathroom ("Zoopark")

The Bathroom – it's a place, where you can be alone,
Throw off the burden of worries, spread them in the water.
The door is locked, and no one can come in.
You are finally alone, totally alone in this white emptiness.
The bathroom – it's a place, where you can undress all the way,
Together with a smile, you can throw off fear and flattery.
And the mirror – your best friend – spits in your face,
But the water forgives everything and takes you as you are.
Oh my god, however much you want to be someone –
a millionaire, a rock-star,
A saint, a prophet, insane or even just yourself.
You yourself – it's complicated, but it's possible.
But only here.
The bathroom – it's a place, where you can easily slip into
the essence of things,
You can believe what you know, what's true and what's a lie.
And the main thing – no one sees what you do here,
Either you cut your veins, or you vomit
O, Bathroom!, I sing your praise,
I sing of your simplicity, cleanliness, of your soap
and your shower,
Of your simplifying, your resurrecting,
Your purging of our souls.

Ванна-читальня

Ванна – це також місце для читання, хоча й не зовсім облаштоване. Читати можна лежачи у воді чи сидячи у вбиральні. Залежно від вподобань тут читають і "амбітні" книжки, і глянцеві журнали. Серед практичних додатків до ванни вирізняється підставка для читання, де також можна розмістити і келих вина.

Bathroom and Reading room

Although not completely outfitted for such an activity, the bathroom is also a place for reading. One can read lying in the bathtub or sitting on the toilet. According to one's preferences, one could read "ambitious" books or "glossy" journals. Distinguished among the new bath technologies we find the shelf for reading – on which one could also fit a glass of wine.

Альфред Стевенс. Ванна (1867)
Alfred Stevens. The Bath (1867)

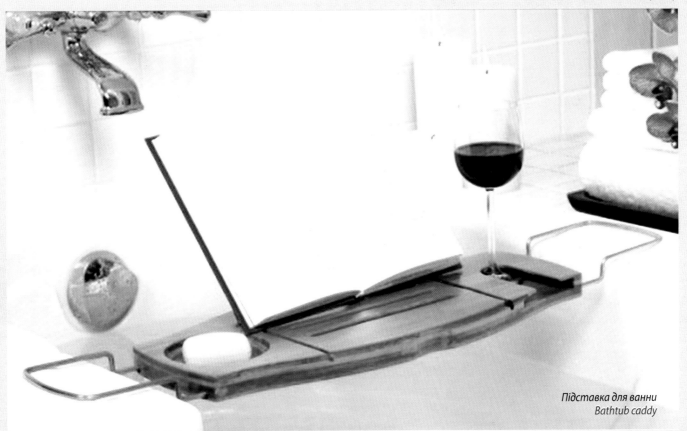

Підставка для ванни
Bathtub caddy

151

ХАЙ-ТЕК ВАННА

HIGH-TECH BATH

Сучасна ванна хай-тек
Modern hi-tech bathroom

Тепер можна контролювати кожен елемент процесу вмивання з максимальною точністю. Душова кабіна забезпечена комп'ютерною технікою, яка регулює напір, температуру і спосіб подачі води, а у ванні – час її набирання та економію. Релаксація та зняття стресу досягається за допомогою широкого використання доступної технології, як от музичні колонки, освітлення, масажні насадки. Ванна кімната розрахована на те, що людина може проводити тут більше часу і не обмежуватися лише задоволенням гігієнічних потреб. Підвищення комфорту ванни сьогодні є основним напрямком її вдосконалення. Водночас для значної частини населення сучасного світу доступ до води залишається однією з проблем щоденного існування. У 2002 році у світі 42 відсотки помешкань не мали туалетів, а в Україні лише 65 відсотків мешканців мали доступ до централізованого водопостачання. У Львові донедавна подавали воду і, відповідно, можна було прийняти душ чи ванну з шостої до дев'ятої – вранці і ввечері.

Now one can control each element of the cleansing process with maximal precision. The shower cabin is made safe with computers, which regulate the pressure, temperature, and way that water is delivered. And in the bathtub – the time it takes to fill the tub with water, and its economy. The wide use of available technology like musical speakers, lights, and massage nozzles assist in relaxation and removing stress. The bathroom depends on the idea that a person can spend more time here that is not confined to hygienic needs. Increasing comfort is the main direction of perfecting today's bathroom. At the same time, for many inhabitants of today's world access to water remains one of the main problems of everyday existence. In 2002, 42% of the world's population did not have toilets, and in Ukraine only 65% of the population has access to central plumbing. It was not long ago that in Lviv one could bathe only from 6 to 9, in the morning and the evening.

СПАЛЬНЯ:

ВІД "ОДОМАШНЕННЯ" ДО "ВИЗВОЛЕННЯ"

THE BEDROOM:

FROM "DOMESTICATION" TO "LIBERATION"

СПАЛЬНЯ: ВІД "ОДОМАШНЕННЯ" ДО "ВИЗВОЛЕННЯ"

THE BEDROOM: FROM "DOMESTICATION" TO "LIBERATION"

Найінтимніше місце у помешканні – це, звісно ж, подружня спальня. Однак, наголос на інтимності ще сто років тому зовсім не означав наголосу на сексі. Навпаки, "домашня ідеологія" XIX століття проповідувала максимальне утримання від непристойних "плотських утіх". Такі уявлення підтримувала і тогочасна медицина. Винесення спальні в окрему кімнату було частиною змін, які зачепили і сім'ю, і стосунки між подружжям. Набір меблів у спальні майже не змінився, однак радикальних змін зазнали суспільні уявлення про те, хто, що і як тут робить. Історія спальні упродовж останніх 150 років – це значною мірою історія сексуальної емансипації та боротьби за інтимність, не лише сім'ї, але й кожної окремої людини.

У домодерну епоху родина була великим соціальним утворенням, яке, окрім численних родичів, охоплювало також друзів, слуг і ділових клієнтів. Такий уклад змінюється зі швидкими та радикальним змінами зовнішнього світу внаслідок індустріалізації та модернізації. Розвитку публічної сфери протиставлявся образ домівки як відокремленого приватного світу, до якого входило насамперед подружжя та діти. У XIX столітті сім'я стає однією з найважливіших цінностей – поряд із моральністю, прогресом та працею. Інтимність втрачає грайливість, характерну для XVIII століття, і перетворюється на "домашню" чесноту, що доповнює образ "порядної родини". Офіційна асексуальність супроводжувалася потужним розвитком еротичної уяви та масовістю порнографії. А критики використовують для опису цього періоду такі слова як "ханжество" та "лицемірство".

Відокремленість від публічного світу компенсувалася підсиленням емоційного зв'язку між членами родини. Великої ваги у сімейних стосунках набувають такі якості як ніжність, чуттєвість, м'якість, доброта. Поширення культу домашності та людяності і потреби гуманного ставлення до інших зараховують до найбільших досягнень XIX сторіччя.

The most closed-off and the most intimate place in the home is, of course, the bedroom. However, even 100 years ago the emphasis on intimacy in no way meant an emphasis on sex. Quite the contrary, the "domestic ideology" of the 19th century preached maximum abstinence from such inappropriate "carnal pleasures." Medicine of the time supported such ideas. Allocating a separate room for sleeping was a part of the changes affecting both the family and marital relations. The selection of furniture in the bedroom may have hardly changed, but social perceptions of who does what where have changed radically. Throughout the last 150 years, the history of the bedroom is to a significant degree a story of sexual emancipation and a struggle for intimacy – not only by the family, but also by each individual person.

In the early modern era the family was a great social formation, which included not only various relatives, but also friends, servants and business clients. Such a structure transformed with the rapid and radical changes in the outside world as a result of industrialization and modernization. The development of the public sphere stood in juxtaposition to the image of home as a separate and private world, enjoyed primarily by parents and their children. In the 19th century "family" became one of the most important values – together with morality, progress and work. Intimacy lost the playfulness characteristic of the 18th century and transformed into "domestic" virtue, which completed the picture of the "decent family." This official asexuality was accompanied by a vigorous development of the erotic imagination and mass pornography. Critics described this period as "sanctimonious" and "hypocritical."

Strengthening the emotional connection between family members compensated for the separation from the public world. Qualities such as tenderness, sensitivity, gentleness, and goodness acquired greater importance in family relations. Spreading this cult of domesticity and humanity, and the necessity of humane relations towards others, could be counted among the greatest achievements of the 19th century.

Сер Едвін Лендсіер. Віндзорський замок у новому часі (1841-1845)
Згідно з новими тенденціями, королівська родина (Вікторія, Альберт та принцеса) вперше зображена у приватному інтимному оточенні.

Sir Edwin Landseer. Windsor Castle in Modern Times (1841-1845)
In accordance with the times, the royal family (Victoria, Albert and the Princess) was depicted in a private family setting.

РЕФОРМА СПАЛЬНІ

REFORMING THE BEDROOM

З часу появи окремої спальної кімнати умебльовувати її було прийнято просто і без зайвих оздоблень, адже гості тут бували дуже рідко. Меблі відповідали базовим функціям спальні – спати, зберігати одяг, а для жінок – прикрашатися. У XIX столітті спальні кімнати часто заміняли ванну, тому тут стояли спеціальні вмивальники. Особливих змін прогрес та модернізація у спальню не принесли.

Реформаторський запал фокусувався на питаннях гігієни та потребі змін у щоденному житті робітників. Саме через відсутність приватного простору робітників у XIX столітті звинувачували в аморальності, змальовуючи страшні картини безладного сексу, інцесту та проституції, які, на думку багатьох реформаторів, відбувалися у тісних робітничих помешканнях. Непристойна поведінка, яка пов'язана

з поганими житловими умовами – одна з вагомих причин зародження ідеї соціального житла.

Медики також долучилися до дискусії про спання, підкреслюючи, що умеблювання у спальні повинно бути максимально простим, адже так легше підтримувати чистоту. Також лікарі радили фарбувати стіни спальної кімнати у світлі кольори і не захоплюватися шпалерами, за якими могли ховатися блощиці. Особливо рішуче реформатори від санітарії воювали зі старими ліжками з важкими запонами та килимами, в яких десятиліттями накопичувався пил.

From the time of delineating a separate room for sleeping, furnishing it was understood simply and without undue decoration. After all, guests were rarely in this room. Furniture met the bedroom's basic functions – sleeping, dressing, and for women, doing make-up and hair. In the 19th century the bedroom often replaced the bathroom, so bedrooms often had special sinks and washbasins. Progress and modernization brought no particular changes in the bedroom. The wave of reform focused on questions of hygiene and necessary changes in workers' everyday life. In the 19th century, it was precisely the absence of any private space for workers that was blamed for amorality. Reformers painted terrible pictures of amoral sex, incest, and prostitution, which they believed took place in the workers' cramped quarters. The connection between improper behavior with terrible housing conditions was one of the most compelling reasons for the idea of social housing.

Едгар Дега. Жінка витирається після ванни (близько 1890-1895)
Edgar Degas. After the Bath Woman Drying Herself (circa1890-1895)

Medical professionals also joined the discussion about sleep, underscoring that the furniture in a bedroom ought to be as simple as possible – because it was easier to keep clean. And so, doctors often suggested painting the bedroom walls with a light color and discouraged wallpaper, behind which fleas could hide. Sanitation reform fought especially decisively against old beds with drapes and rugs heavy with decades of accumulated dust.

Едгар Дега. Жінка за туалетом (1885)
Edgar Degas. Woman at her toilet (1885)

РЕФОРМА СПАЛЬНІ

REFORMING THE BEDROOM

Поширена у XIX столітті "теорія міазмів" наголошувала: спальню слід добре провітрювати, аби позбуватися шкідливих "випарів тіла", які є причиною заразних хвороб. У кожній спальній кімнаті для хорошої вентиляції слід було мати камін. Бажання дихати вночі свіжим повітрям на початку XX століття часто доходило до абсурду. Той, хто міг собі дозволити, вбудовував у стіни спальні балкони та лоджії, де можна було поставити ліжко. Дехто, побоюючись простуди, відводив від вікна до ліжка спеціальний рукав з тканини, який охоплював голову – тіло залишалось у теплі кімнати.

In the 19th century the widespread "miasma theory" emphasized that the bedroom must be well-ventilated, in order to get rid of harmful "body vapors," which caused contagious illnesses. Every bedroom was supposed to have a fireplace for good ventilation. The desire to breathe fresh air at night could reach absurd heights at the beginning of the 20th century. If one could afford it, one built a balcony or loggia onto the bedroom, where one could place a bed. Those fearing catching cold simply carried a special fabric sleeve, which wrapped around the head, from the window to the bed – the body remained in a warm room.

"Гігієнічні пружини"

Металеві ліжка відомі давно. Колись вони, як правило, прикрашали спальні вельмож. В епоху індустріалізації, коли метал перестав бути надто дорогим, мідні та залізні ліжка набули великої популярності. У поєднанні з бавовняним матрацом вони вважалися найбільш здоровим місцем для відпочинку. Не випадково такий тип ліжок є стандартом для лікарень. Після епідемій холери і туберкульозу на початку XIX століття просте металеве ліжко завоювало своє місце і в приватних домівках – як найбезпечніше. Міщани намагалися спати по можливості на самоті, і кожну свою дитину забезпечувати, якщо не окремою кімнатою, то хоча б індивідуальним залізним ліжком.

"Hygienic Springs"

Metal beds have been known for a long time. At one point, as a rule, they decorated the bedrooms of nobility. In the era of industrialization, when metal stopped being overly expensive, copper and iron beds acquired great popularity. Together with a cotton mattress they were considered the most hygienic space for sleeping. Not surprisingly, such a type of bed was standard in hospitals. After epidemics of cholera and tuberculosis at the beginning of the 19th century, the simple metal bed won its place even in private homes – as the safest option. People attempted to sleep as much as they could alone and provide each child with, if not a separate room, at least an individual metal bed.

Фото веранди у госпіталі Уолтера Ріда у Вашингтоні (США) під час епідемії "іспанського грипу" 1918-1919 рр.

На початку XX ст. свіже повітря почали широко використовувати як ліки від інфекційних захворювань.

Photo of open gallery at Walter Reed Hospital, Washington, D.C., during the great "Spanish Flu" Pandemic of 1918-1919

At the beginning of 20th century medics began to use fresh air as medicine against infectious diseases.

Спальня іспанських переселенців у Мексиці у XIX ст. Фото з експозиції у домі-музеї Дієго Рівери у м. Ґуанахуато, Мексика
Одне з головних нововведень у спальні – залізне ліжко. Воно вирішувало проблему блощиць, пороху і забезпечувало індивідуальний гігієнічний простір.

Bedroom of Spanish immigrants in Mexico in 19 century. Display in the Diego Rivera House in the city of Guanajuato, Mexico
One of the main innovations in the bedroom was the metal bed. It solved the problem of fleas, dust, and provided a personal hygienic space.

ЕМАНСИПАЦІЯ ІНТИМНОСТІ

THE EMANCIPATION OF INTIMACY

*"У спальні Жюлі" – ілюстрація до роману Оноре де Бальзака
"Тридцятирічна жінка" (1831)*
Зачинені двері спальні на початку XIX ст. приховували не лише подружню
інтимність, а й менш радісні речі – хвороби, старість, смерть.

Illustration of Honoré de Balzac's The Woman of Thirty (1831): In Julie's Bedroom
At the beginning of the 19th century the bedroom's closed doors hid not
only a couple's intimacy but also less pleasant things – illnesses, old age,
dying.

Упродовж XX століття спальня практично втратила усі свої функції, окрім однієї – забезпечувати простір комфорту та задоволення. Перед тим закритість спальної кімнати містила у собі не лише секс, а й хвороби, смерть, пологи чи догляд за тілом. Поступово усі ці аспекти життя, пов'язані зі стражданнями, були витіснені у спеціалізовані лікарні. Сьогодні у спальні ще прийнято хворіти, але за умови, що немає серйозних загроз здоров'ю, а відпочинок необхідний для одужання. Спальна кімната перетворилася у щось на зразок "кімнати для задоволення". Окрім сну, тут байдикують, розслабляються, слухають музику, насолоджуються читанням книжок чи переглядом фільмів. Справжнім символом дозвілля у спальні став ноутбук – мобільний комп'ютер, який можна взяти з собою у ліжко. І, звичайно ж, спальня стала синонімом до слова секс як вершини приємності.

Over the course of the 20th century the bedroom lost almost all its functions except one: providing a space of comfort and contentment. Before, not only sex, but also illness, death, birth, and bodily care, all took place in the closed bedroom. Gradually all these aspects of life connected with suffering were moved into specialized hospitals. Today it is still acceptable to be sick in the bedroom – but only if there is no serious threat of contagion and if rest is most appropriate to recovery. The bedroom has been transformed into something like "a room for pleasure." Apart from sleeping, we hang out, relax, listen to music, enjoy reading a good book or watching a movie in the bedroom. A real symbol of leisure in the bedroom has become the notebook – the mobile computer, which one can take into the bed. And, of course, the bedroom has become a synonym for sex – as the very peak of pleasurable activity.

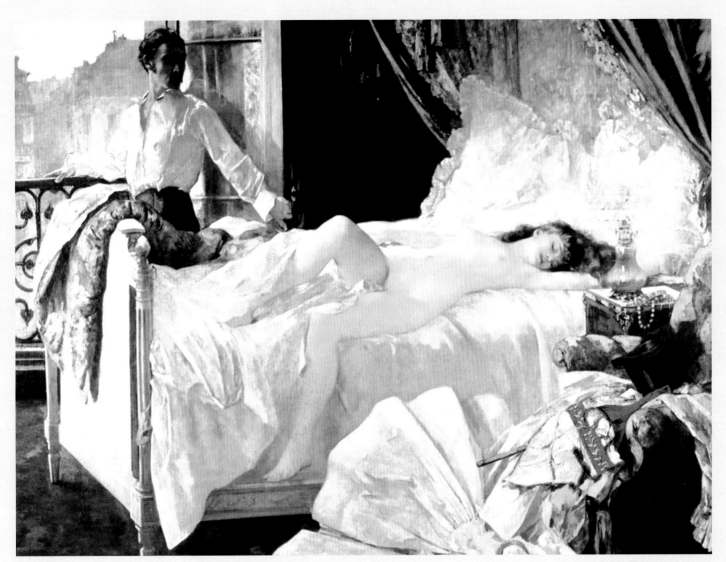

Анрі Жерве. Ролла (1878)
Henri Gervex. Rolla (1878)

Наприкінці XIX століття інтимність, затиснута в межі "подружнього обов'язку" заради дітонародження, потрохи стає вільнішою. У 1900 році у книзі Джорджа Сейворі "Шлюб: його наука та етика" вперше прозвучала думка про важливість взаємного оргазму для подружнього життя.

At the end of the 19th century the idea of intimacy, caught in the framework of "marital duties" for the sake of procreation, began slowly to change. In 1900 George Savory's book *Marriage: Its Science and Ethics* first proclaimed the importance of mutual orgasm for married life.

THE EMANCIPATION OF INTIMACY

Впродовж усього XX століття питання "Що можна і потрібно робити у спальні?" викликає бурхливі дебати. Лікарі-сексологи, експерти зі шлюбу, сімейні радники видають величезну кількість літератури, яка, зрештою, сформувала нову подружню мораль. Найвпливовішою працею у справі реабілітації "домашнього" сексу була книга "Одружене кохання", видана у 1918-му році. Авторка – палеоботанік Мері Стоупс – лише через тривалий час після одруження з'ясувала, що її чоловік – імпотент. Шокована своєю "сліпотою", Стоупс зайнялася дослідженням сексуальності. У книзі вона зробила однозначний висновок – романтичне кохання та подружнє життя не можна відокремлювати від еротичної інтимності та сексу.

During the 20th century the question "What can and should be done in the bedroom?" caused fierce debates. Doctor-sexologists, experts in marriage, and family advisors all published a great quantity of literature, which finally formulated a new morality of marriage. The most influential work in the matter of rehabilitating "domestic" sex was *Married Love*, published in 1918. The author, paleobotanist Dr. Marie Stopes, discovered only long after her marriage that her husband was impotent. Shocked by her lengthy "blindness" in this question, Stopes took on an investigation of sexuality. In her book she made an unequivocal conclusion – romantic love and married life cannot be separated from erotic intimacy and sex.

> *Дітонародження не є ні єдиною, ні головною метою шлюбу. Якщо хтось захоче визначити одну головну причину для одруження, (…) то він виявить, що це бажання сексуального зв'язку та партнерства.*
>
> *Міллард Еверетт. "Гігієна шлюбу", 1930*

> *Reproduction is neither the sole nor the chief purpose of marriage. If one wishes to assign any one supreme purpose to marriage... he will find that it is the desire for sexual communion and companionship.*
>
> *Millard Everett. The Hygiene of Marriage, 1930*

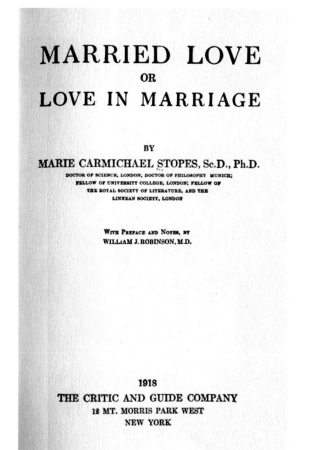

MARRIED LOVE
OR
LOVE IN MARRIAGE

BY

MARIE CARMICHAEL STOPES, Sc.D., Ph.D.

DOCTOR OF SCIENCE, LONDON, DOCTOR OF PHILOSOPHY MUNICH;
FELLOW OF UNIVERSITY COLLEGE, LONDON; FELLOW OF
THE ROYAL SOCIETY OF LITERATURE, AND THE
LINNEAN SOCIETY, LONDON

WITH PREFACE AND NOTES, BY
WILLIAM J. ROBINSON, M.D.

1918
THE CRITIC AND GUIDE COMPANY
12 MT. MORRIS PARK WEST
NEW YORK

Обкладинка книжки Мері Стоупс "Одружене кохання" (1918)
Брошура М.Стоупс про важливість сексу для подружжя вважається однією з тих книг, що змінили світ.

The cover of Marie Stopes' book "Married Love" (1918)
Marie Stopes' brochure on the importance of sex for married couples is considered to be one of the books that most changed the world.

Справжня революція у сфері інтимного співжиття відбулася у 1950-х роках із появою зручних та надійних способів запобігання вагітності для жінок. У 1980-х роках у Європі лише кілька відсотків жінок ніколи не вживали контрацептивів.

Можливість реально відтермінувати питання дітонародження за допомогою гормональних контрацептивів істотно змінила роль жінки у сімейних стосунках. Якщо раніше тіло жінки належало "Богові та чоловікові", то тепер вона могла сама його контролювати. Від початку ХХ-го століття питання контролю над народженням дітей набуло нового значення. Звичні для ХІХ-го століття спонукання до пристойності та до зменшення популяції з економічних побоювань змінилися закликами до політичної, соціальної та сексуальної емансипації. Найбільше ці теми зачіпали жінок середнього та робітничого класів. У бідних родинах доступні контрацептиви означали не лише менше дітей і менше витрат, а й довше життя – численні пологи часто закінчувалися смертю матері чи дитини. Для заможних жінок контрацептиви були важливими як спосіб керувати своїм тілом і планувати своє життя. Не останній аргумент – секс, вільний від страху вагітності. Саме емансипація задоволення стала основним трендом подружнього життя у ХХ-му столітті. Сьогодні можна спостерігати збільшення розмірів подружньої спальні та перенесення її у найбільш закриту частину помешкання, подалі від контактів зі сторонніми і навіть своїми дітьми, для максимальної приватності, автономності й інтимності.

Американські презервативи 1950-х років

An American condom package 1950s

The real revolution in the sphere of intimate co-habitation occurred in the 1950s with the appearance of convenient and reliable methods for women to avoid pregnancy. In the 1980s in Europe only a small percentage of women had never used contraception.

The possibility of effectively pushing aside the question of procreation with the help of hormonal contraception changed women's role in family relations. If earlier the body of a woman belonged to "God and her husband", now she could control her body herself. Even from the beginning of the 20th century the question of control over procreation acquired a new meaning. Calls for political, social and sexual emancipation transformed the 19th century desires for propriety and for decreasing the population because of economic concerns. These changes affected women in the middle and working classes most of all. In poorer families access to contraceptives meant not only fewer children and less expense, but also a longer life – countless births often ended with death of the mother or the child. For married women contraception was important as a method of control over the body and life planning. And finally – sex, free from fear of pregnancy. The emancipation of pleasure became the primary trend in 20th century married life. Today one can observe the increased size of the married couple's bedroom and its removal to the most isolated part of the home – farther from contact with outsiders and even from one's own children for maximum privacy, autonomy, and intimacy.

Сатирична листівка початку ХХ ст. "Негідник все ще переслідує її"
Satirical turn-of-the-20th-century postcard. Caption: And the villain still pursues her

163

НА САМОТІ

ALONE

Зі спальною кімнатою пов'язують також розвиток модерної індивідуальності. Лише у спальні міщани могли побути у спокої наодинці з собою. Тут можна було облаштуватися згідно зі своїми смаками та потребами, не дивлячись на інших.

Проте самовираження формується під впливом стереотипів і відповідно до існуючих соціальних ролей. Якщо тривалий час панували уявлення, що усі жінки повинні були любити квіти та дітей, чоловіки – політику та мисливство, дівчатка – книжки та ляльок, а хлопчики – спорт та зброю, то тепер вибір є більш гнучким. Індивідуальність стала важливою цінністю та рисою сучасної людини. Усвідомлення себе як окремої унікальної особистості проходить через особисті таємниці та драми, нереалізовані мрії, приватне дозвілля та споглядання своєї тілесності.

The development of the modern idea of individuality is also connected with the bedroom. Only in the bedroom could we be at peace and at one with ourselves. Here we could arrange the room according to our own tastes and needs, without paying attention to anyone else.

Self-expression also takes place in stereotypical forms, in accordance with social roles. No one used to question that all women loved flowers and children, all men – politics and hunting, all little girls – books and dolls, all little boys – sports and weapons. Now, however, the choice is more flexible. Today, individuality has become an important value and quality. The awakening awareness of oneself as a unique individual being comes through personal secrets and dramas, unrealized dreams, private leisure time, and contemplation of one's own physicality.

Інтер'єр спальні, США (1909)

Bedroom interior, USA (1909)

Тілесне "Я"

У XIX столітті відбувалося і осмислення свого тіла. На зміну середньовічному страхові перед тілесністю прийшло зацікавлення до своїх органічних відчуттів. На основі сигналів внутрішніх органів людина починає формувати думку про самопочуття. Процес ототожнення себе з тілом завершився з появою на дверях "подружньої шафи" великого дзеркала. Вперше з'являється можливість оглянути себе повністю.

The Corporeal "I"

In the 19th century the understanding of ourselves as a body took place. The medieval fear of the body changed into an interest in listening to organic sensations. Based on signals from the inner organs a person could begin to put together an idea about his health. The process of identifying ourselves with our bodies ended with the appearance of a large mirror in closet doors. Now we could, for the first time, look at ourselves fully.

Джон Адамс. Марія Тереза фон Мозер-Ебрайхсдорф (1907)

John Quincy Adams. Maria Teresa von Moser-Ebreichsdorf (1907)

НА САМОТІ

ALONE

Фредерік Слокомб

Поза межами шлюбу, або ж коли подружнє життя не склалося, найінтимнішим другом для освіченої людини у XIX столітті стає книга. Або ж щоденник, куди можна записати свої думки, чи лист до щирого приятеля, з яким можна поділитися найбільш потаємним. Дружина шотландського письменника Томаса Карлайла, Джейн, порівнювала читання книг, позичених у друзів, із забороненим любовним зв'язком.

Outside marriage, or when married life did not work out, the most intimate friend for an educated person in the 19th century was the book. Or the diary, where one could write one's thoughts, or a letter to a dear friend, with whom one could share one's innermost feelings. The wife of the Scottish writer Thomas Carlyle, Jane Carlyle, equated the reading of books borrowed from friends with a forbidden love affair.

Фредерік Альфред Слокомб.
Блукаючі думки (початок XX ст.)
Frederick Alfred Slocombe. Wandering thoughts (early XX century)

Друже, це не книга,
Хто її торкає, той торкає людину,
(Чи це ніч? Чи ми тут одні?)
Це мене ти тримаєш, а я тримаю тебе,
Я стрибаю зі сторінок у твої руки…

Волт Вітмен

Camerado, this is no book,
Who touches this, touches a man,
(Is it night? Are we here alone?)
It is I you hold, and who holds you,
I spring from the pages into your arms...

Walt Whitman

У 1822 році в Англії вперше з'явилися книги з полотняними обкладинками – на відміну від шкіряних, вони були значно дешевші. Це нововведення відкрило епоху масового дешевого чтива. Поодинокі колективні читання уголос поступаються місцем поглинанню книг на самоті. Внутрішній діалог із героями книг став необхідною умовою формування окремої індивідуальності. Писання ж таємних щоденників та листів давало змогу знайти точку опори в собі в умовах бурхливої модернізації та різких суспільних змін.

In 1822 in England the first books with cloth covers appeared. In comparison with leather-covered books, they were much less expensive. This innovation ushered in an era of mass cheap print. Collective reading aloud was slowly replaced with immersing oneself in books alone. Inner dialogue with the heroes and heroines of literature became a necessary condition for forming one's individuality. Writing secret diaries and letters gave an individual the ability to find a foothold in the conditions of rapid modernization and dramatic social change.

Жінка з книгою у ліжку.
Фото початку XX ст.

Young woman, lying in bed,
holding book.
Photo circa 1900

ALONE

Культура холостяків

У другій половині ХХ століття популярною стає думка, що самотньому можна вести приємніше життя, ніж у шлюбі. В країнах Північної Америки та Західної Європи зароджується окрема "культура холостяків". Дехто не проти співжиття, але проти одруження, а дехто не бачить потреби і у проживанні в одному домі. Кількість сімей, що складалися із однієї особи, різко збільшилася у 80-х роках ХХ століття і продовжує зростати.

Першими, хто зміг "узаконити" холостяцький стиль у публічній свідомості, стали заможні білі чоловіки у США у 50-х роках минулого століття – основна аудиторія часопису *Playboy*, який саме тоді з'явився. Глянцеві часописи стають головними проповідниками нового емансипованого життя задля задоволення не лише серед чоловіків. У 1962-му році майбутня головна редакторка видання *Cosmopolitan* Гелен Браун друкує книгу-порадник "Секс та самотня дівчина", яка миттєво стає бестселером. У ній Браун стверджувала: сексуальна незалежність для дівчат така ж бажана, як і незалежність фінансова. Ідеал самотньої, але успішної в усіх сферах жінки у 1994 році був змальований та популяризований у книзі Кендес Бушнел "Секс та місто", а згодом і у однойменних теле- та кіносеріалах.

Сара Джесіка Паркер на прем'єрі фільму "Дивовижний світ" на кінофестивалі Трайбека (2009)
Sarah Jessica Parker at the 2009 Tribeca Film Festival for the premiere of "Wonderful World"

Bachelor Culture

In the second half of the 20th century the idea that one could lead a better life alone rather than married became fairly widespread. In North America and Western Europe a separate "bachelor culture" developed. Some men were not necessarily against co-habitation, but against marriage, and some did not see the necessity of living in one house. The number of single-person families rose sharply in the 1980s and continues to rise.

The first men who could "legalize" the "bachelor" style in public consciousness were affluent white men in the United States in the 1950s – the general audience for the journal *Playboy*, which appeared at that time. Glossy magazines became the primary promoters of a new emancipated life for pleasure, and not only among men. In 1962 Helen Gurley Brown, the editor-in-chief of *Cosmopolitan* magazine, published a guide entitled "Sex and the Single Girl", which became an instant best-seller. In her book Brown asserted that young women desired sexual independence just as much as financial independence. The ideal of a woman who is single, but successful in every aspect, was depicted and popularized in Candace Bushnell's 1994 book, "Sex and the City", and soon after in the television series and films based on the book.

ФАНТАЗІЇ ПРО МАЙБУТНЄ

FANTASIES OF THE FUTURE

ФАНТАЗІЇ ПРО МАЙБУТНЄ
FANTASIES OF THE FUTURE

Хоча мрії про майбутнє часто збуваються, фантазії про те, як ми житимемо, завжди мають особливі обмеження. Уже давно немає технічних пересторог для серійного виробництва літаючих автомобілів, але їх й надалі виробляють в одиничних варіантах. П'ятдесят років тому люди мали сміливі фантазії: з голографічними проекціями у вітальнях, з технологіями розпізнавання мешканців дому, наявністю постійного сканування нашого фізичного стану та перевіркою здоров'я вдома. В оптимістичних прогнозах життя здавалося безтурботним і багатообіцяючим, а допомогти в цьому мав розвиток науки і техніки.

Проте у менш райдужних баченнях досягнення техніки і втілення їх у щоденне життя призводять до того, що силові та урядові структури можуть мати прямий доступ до наших помешкань і ймовірно моніторити приватне спілкування. Також через перенаселення люди житимуть у малих кабінках. Можливість мандрувати Інтернетом, симулюючи тілесні та інші насолоди, буде більш привабливою, ніж нудна реальність, тому люди масово сидітимуть вдома, в маленьких квартирках, потрохи регресуючи. Одним із найтиповіших страхів масової культури сьогодення, пов'язаних із майбутнім, є повстання домашніх роботів проти своїх господарів.

Це усе мрії та страхи, з яких лише частина має шанс перетворитися на реальність, а от нам залишається сподіватися, що ми побачимо літаючі автомобілі та (безпечних) домашніх роботів ще за життя цього покоління.

Although dreams of the future often come true, fantasies about how we will live always carry certain limitations. Although for a long time there have been no technical obstacles for the serial production of "flying cars," still they are manufactured in single units. Fifty years ago people had bold dreams: holographic projections in living rooms, recognition technology for home residents, scanners that continuously checked our physical condition and the health of our home. From an optimistic point of view, this life seems without care and full of promise, and only helped by the developments of science and technology.

However there is a less rosy view: the achievements of technology and their manifestation in everyday life will allow police and governmental organizations to have easy access to our homes and to monitor private communication. Because of overcrowding, people will live in small boxes. The ability to travel by the internet, which simulates bodily and other pleasures, will become more appealing than boring reality, and so people will stay home en masse, in their small box-like apartments, and slowly wither away. One of the most typical fears of today's mass culture associated with the future is the revolt of house robots against their masters.

Only a few of these dreams and fears have a chance of becoming reality, but there remains to us the hope that we will attain flying cars and (safe) house robots during the lifetime of this generation.

"Уявне місто"
Інсталяція всередині павільйону "Майбутнього", Експо 2010, Шанхай (Китай). Фото – Кімон Берлін

"Fantasy City"
Installation inside the Pavilion of the Future, Expo 2010, Shanghai (China). Photo by Kimon Berlin

ВИСТАВКИ ТА СУЧАСНА АРХІТЕКТУРА

EXHIBITIONS AND CONTEMPORARY ARCHITECTURE

Міжнародний сучасний стиль арт-деко, мінімалізм, декоративний кубізм, модульні концепції житла, пластикові будинки, вплив техніки на проживання, "розумні" будинки, автоматизація проживання – усе це та багато іншого стало доступним широкій громадськості завдяки великим виставкам. Всесвітні виставки, які ще називали Універсальними чи Експо, з'явилися у Європі в середині XIX століття і мали демонструвати промислову силу країн-учасниць. Хоча перша промислова виставка вперше відбулася у Парижі у 1844 році, найбільш знаковою стала виставка 1851 року у Гайд Парку у Лондоні. В історію вона увійшла як виставка у Кришталевому палаці – споруді із скла й металу Джозефа Пакстона та Чарльза Фокса, як досі вважають однією з перших модерних будівель XIX століття.

The international modern style Art Deco, minimalism, decorative cubism, the module housing concept, plastic houses, the influence of technology on housing, smart buildings, the automation of living space – all this, and a lot more, became available to the greater public thanks to great exhibitions. International exhibitions, which were called Universal or Expo, appeared in Europe in the middle of the 19th century and aimed to display the industrial strength of the participant countries. Although the first industrial exhibition took place in Paris in 1844, the most significant became the 1851 exhibition in London's Hyde Park. This entered history as the Crystal Palace Exhibition – the glass and metal buildings designed by Joseph Paxton and Charles Fox are still considered some of the first modern buildings of the 19th century.

Павільйон зі скла і металу Пакстона і Фокса, який був розташований у Гайд парку Лондона. Цей будинок увійшов у історію під назвою Кришталевий палац.

Автори: Philip Henry Delamotte, Negretti and Zambra, 1854

Paxton & Fox cast-iron and plate-glass pavilion in London's Hyde Park. This building became known as the Crystal Palace.

Authors: Philip Henry Delamotte, Negretti and Zambra, 1854

Перша виставка подібного значення відбулася у Львові 1894 року і називалася Загальною крайовою виставкою (Powszechna Wystawa Krajowa we Lwowie). Вона показувала розвиток міста та регіону як частини Австро-Угорської імперії. Спеціально для виставки було відкрито першу трамвайну лінію, введено в дію радіо, зіграно перший футбольний матч. Верхня частина Стрийського парку стала місцем грандіозного видовища.

У повоєнний період виставки розглядали як інструмент культурного обміну, і як спосіб пропаганди у "холодній війні". В СРСР відповідником міжнародних виставок були виставки досягнень народного господарства (ВДНГ). Виставки майже завжди показували фантазії щодо життя у майбутньому та виставляли інноваційні павільйони, які мали вплив на архітектуру та культуру сьогодення.

Всесвітні виставки були і залишаються простором для впровадження інновацій та експериментів. А участь творців-авангардистів не лише збурює настрої добропорядної публіки, але й веде до жвавої дискусії про те, як ми можемо жити у майбутньому.

У 1925 році, на славнозвісній Exposition des Arts Décoratifs et Industriels Modernes (Виставка декоративно-прикладного мистецтва та сучасної промисловості), архітектор Ле Корбюзьє своїм павільйоном l'Esprit Nouveau ("Новий час"), поруч із радянськими конструктивістами, влаштував скандал. Хоча гран-прі журі отримав радянський архітектор Константін Мєльніков, виставка увійшла в історію через твердження Ле Корбюзьє, що будинок майбутнього – це своєрідна machine à habiter (машина для проживання).

Саме архітектору, а не декоратору відводилася найвідповідальніша роль у проектуванні житлового середовища. Ле Корбюзьє також показав скандальний план для Парижа, де історичний центр міста було замінено на типову модульну багатоповерхову забудову, яка стала реальністю спальних районів сьогодення.

The first exhibition of such significance took place in Lviv in 1894 and was called the General Regional Exhibition. It showcased the achievments of the city and the region as a part of Austro-Hungarian Empire. Especially for the exhibition Lviv's first tramway line was opened, radio was installed, the first soccer match was played, and many other entertainments were created for the reception of Emperor Franz Joseph. Stryiskyi Park was transformed into a grand spectacle, and the remains of the exhibit can be found in our city today.

In the postwar period exhibitions were seen as an instrument of cultural exchange, and as a method of propaganda in the Cold War. In the USSR the equivalent of international exhibitions were those of the Achievements of People's Agriculture (VDNKh). Exhibitions almost always showed fantasies about life in the future and presented innovative pavilions, which have influenced today's architecture and culture.

Worldwide exhibitions were and remain a space for the introduction of innovations and experiments, and the participation of avant-garde inventors not only divides the mood of a respectable audience, but also leads to a dynamic discussion about how we will live in the future.

In 1925 at the famous Exposition des Arts Décoratifs et Industriels Modernes (the International Exhibiton of Decorative Arts and Industrial Design) architect Le Corbusier created a scandal with his pavilion called L'Esprit Nouveau (New Spirit) together with the Soviet constructivists. Although Soviet architect Konstantin Melnikov received the jury's grand prize, the exhibition entered history through the assertions of Le Corbusier that the building of the future would be a kind of machine à habiter (machine for living).

The most important role in the design of living space now fell to the architect, and not the decorater. Le Corbusier also presented a scandalous plan for Paris, where the historic city center would be transformed into typical multi-storey module buildings – which has become a reality in the suburbs of the city today.

ВИСТАВКИ ТА СУЧАСНА АРХІТЕКТУРА

EXHIBITIONS AND CONTEMPORARY ARCHITECTURE

Павільйон "Нового часу", який збудував для Паризької виставки архітектор Ле Корбюзьє у 1925 році
Esprit Nouveau Pavilion, constructed by Le Corbusier for the Paris Exposition of 1925

Арт Деко

Термін "Арт Деко" бере свій початок у 1925 році з виставки у Музеї декоративного мистецтва в Парижі (Le Musee des Arts Decoratifs). Арт Деко не виділявся у окрему категорію від Модернізму аж до 1966 року, коли відбулась ретроспектива виставки 1925 року. Тогочасне бачення оформлення інтер'єру критики почали називати Арт Деко. Цей стиль сформувався у 1920-х роках і, як синтетичний культурний рух, тривав аж до повоєнних часів. Елементи естетики Арт Деко притаманні і сучасним інтер'єрам. Цей стиль намагався окреслити, якою має бути елегантність, гламур, функціональність та модерність нового часу, багато в чому опирався на Арт Нуво (чи Сецесіон) попереднього часу та на технічні інновації.

Важливим аспектом цього стилю була багата фактура природних чи штучних матеріалів та декоративність. На противагу цьому стилю, у 1925 році Ле Корбюзьє закликав до відмови від декоративності у проектуванні житлових просторів та до тотальності архітектури. Хоча модерністський мінімалізм і почав домінувати у житлах кінця XX ст., те, що тепер називають сучасним інтер'єром, часто нагадує поєднання мінімалізму з дороговизною фактур Арт Деко. Деякі критики називають це "підозрілою бідністю" оформлення. Таке приміщення виглядає дуже мінімалістично, але деталі цього мінімалізму коштують більше, ніж шикарний гламур Арт Нуво.

Плакат Паризької виставки 1925 року, у стилі Арт Деко
Art Deco Poster for the Paris Exposition of 1925

Art Deco

The term "Art Deco" has its origins in the 1925 French art exposition at Le Musee des Arts Decoratifs. Art Deco was not labeled as a separate category from Modernism until a 1966 retrospective on the 1925 exposition. Critics of that time began to call the new vision of interior design Art Deco, a style that formed in the 1920s and lasted as a certain cultural movement until the postwar years. Although this style declined after World War II, elements of the Art Deco aesthetics are characteristic of interiors even today. This style attempted to articulate what elegance, glamour, functionality and modernity were supposed to look like in the new era, and largely relied on Art Nouveau (or Secession) of the previous era, as well as on technological innovations.

An important aspect to this style was the rich texture of natural or man-made materials and decorations. In contrast to this style, in 1925 Le Corbusier called for the rejection of decorative arts in the design of residential space and for the totality of architecture. Although modernist minimalism began to dominate in housing at the end of the 20th century, what we call a modern interior today often resembles a combination of minimalism with the expensive textures of Art Deco, which certain critics call a design of "suspicious austerity". Such spaces appear very minimalist, but the details of this minimalism cost even more than the splendid glamour of Art Nouveau.

ЗАВТРАШНІЙ СВІТ: ЯК ЙОГО БАЧИЛИ У 1930-1940-х

THE WORLD OF TOMORROW: HOW IT WAS SEEN IN THE 1930s-1940s

Остання передвоєнна Всесвітня виставка 1939 року відбувалася в Нью-Йорку. Її офіційне гасло – "Світ завтра", а девіз – "Зробити життя щасливішим шляхом побудови кращого завтрашнього світу, використовуючи найновіші досягнення і визнаючи незалежність людини щодо іншої людини". Ознайомлення з інноваціями 1939 року було частиною приготування до майбутнього 1960 року.

Найуспішнішими павільйонами виставки були експозиції компаній "Дженерал Моторс" та "Дженерал Електрік". В одному з таких павільйонів, один з найкращих фахівців у сфері технічного дизайну того часу, Н. Белл-Геддес, спроектував експозицію під назвою "Футурама", яка представляла образ міста майбутнього. Відвідувачі входили в приміщення і потрапляли на рухому платформу. Сідаючи на одне з 552 крісел, вони здійснювали 15-хвилинну екскурсію і дивилися на уявне місто 1960 року. Кінофільм під назвою "Нові горизонти" розповідав відвідувачам: "Тут ви бачите матеріали, ідеї та сили, які вже діють у нашому світі. Це інструменти, за допомогою яких буде збудований світ майбутнього. Ознайомлення із цим світом сьогодення є найкращим приготуванням до майбутнього". З позиції 1930-х років майбутнє виглядало технологічним, роботизованим та автоматизованим з дистанційно керованими автострадами, зі штучно створеними рослинами для споживання, літаючими автомобілями, та таким, що опиратиметься на велику силу людського духу й електрики. Хоча ця утопія відображала візії американського суспільства, що виходило з кризи, вона мала подібні форми і в інших країнах, зокрема в СРСР.

Вигляд світової виставки 1939 року у Нью-Йорку

Найвідомішим павільйоном виставки була експозиція від "Дженерал Моторс" під назвою "Футурама".

View of the 1939 World Fair in New York City

The Futurama (General Motors Pavilion) became the hit of the fair.

The last prewar Great New York Exposition of 1939 celebrated the anniversary of George Washington's election as President of the United States. The exhibition's official motto was: The World of Tomorrow, further elucidated in "Making Life Happier by Building a Better World of Tomorrow, Using the Latest Developments and Recognizing Man's Independence from Fellow Man." Introducing the innovations of 1939 was a way of preparing for the relatively near future of 1960.

Best attended at the exposition were the pavilions of General Motors and General Electric. One pavilion was used by Norman Bel-Geddes, a leading professional of technical design, to construct the Futurama – an exposition representing the image of the city of the future. Visitors entered this pavilion to find themselves on a moving platform. They then took one of the 552 seats, and embarked on a 15-minute tour of the imaginary city of 1960. A film entitled "New Horizons" told the visitors: "Here you can see materials, ideas, and forces already at work in our world. These are the tools that will be used to build the world of tomorrow. The knowledge of this world today is the best preparation for the future." From the point of view of the 1930s, the future appeared technological, robotized and automatized (remote-controlled highways) with artificially-produced plants for consumption, and flying machines; and reliant on the great strength of the human spirit, as well as electricity. Although this utopia reflected the visions of an American society that was emerging from a crisis, it existed in similar forms in other countries, including the USSR.

Вигляд уявного американського міста 1960 року з чисельними керованими автострадами

Панорама створена для експозиції "Футурама" від "Дженерал Моторс" (світова виставка у Нью-Йорку 1939 року)

View of imaginary City of the Future, with numerous automated highway

Panorama, created for the Futurama exposition by General Motors (New York World Fair of 1939)

ЗАВТРАШНІЙ СВІТ: ЯК ЙОГО БАЧИЛИ У 1950-х

THE WORLD OF TOMORROW: HOW IT WAS SEEN IN THE 1950s

Пластиковий будинок майбутнього компанії Монсанто
The Monsanto House of the Future

Після Другої світової війни на світовому ринку з'явилося багато матеріалів штучного походження, які поступово почали проникати у будинки та домашнє господарство.

Лозунгом світового лідера з випуску гербіцидів, компанії Монсанто (США), було: "Покращимо життя за допомогою хімії". Саме ця компанія створила будинок майбутнього у Діснейленді (Каліфорнія), використовуючи пластиковий моноліт вагою тринадцять з половиною тонн. Знаний як "будинок Монсанто", він був зроблений з пластику, синтетичних матеріалів і піноподібного наповнювача. Всередині будинку компанія пропонувала не лише матеріали, але й новий спосіб життя, який багато в чому опирався на синтетичність та штучність. Коли будинок розбирали, то не могли використовувати традиційні інструменти для знищення конструкцій, що ще раз засвідчило його витривалість.

Проте архітектори не прийняли ідею створення будинків із пластику. У 1970-х роках широке використання отримав бетон у поєднанні зі склом та металом, і пластиковий будинок Монсанто швидко перетворився на ідею з минулого. Намагаючись стрибнути у майбутнє, без жодних звернень до традиційних уявлень про будинок, він залишився, радше, мистецьким проектом і артефактом, який відображає мрії минулого про майбутнє.

After World War II, many synthetic materials appeared on the world market, and began slowly making their way into homes and households.

The motto of Monsanto, the US leader in the production of herbicides, was: "Making life better with chemistry." It was this company that built the House of the Future in Disneyland in California by using a plastic monolith weighing 30.5 tons. Known as the Monsanto House, it was made of plastic, synthetic materials, and foam filler. Inside the building, Monsanto displayed not only new materials, but a new lifestyle, much of which depended on the synthetic and the artificial. When the building was demolished, traditional tools could not destroy the various structural elements. This spoke once again to the building's sturdiness.

However, architects rejected the idea of building houses out of plastics. In the 1970s concrete in combination with glass and metal gained wide currency as construction material, and Monsanto's plastic house quickly became an idea of the past. By trying to jump ahead into the future without referring to any of the traditional ideas of a building, it was destined to remain an artistic project and an artifact reflecting past dreams of the future.

Ще одна виставка, яка відбулася у Нью-Йорку 1964 року, засвідчила нову фантазію модерності – польоти в космос. Після успішного запуску Супутника, польоту людини у космос у 1961 році та проголошення наміру висадки на Місяці, науковці, держави, спільноти марили про ракети. Запуск ракет показували по телебаченню, а дискусії про міжпланетні подорожі стали буденністю. Астронавти ставали поп-ідолами, багато хлопчиків в СРСР називали на честь Гагаріна та інших дослідників космосу.

Корпоративні павільйони виставки 1964 року підкреслювали контроль американських компаній над медіями, системами телекомунікацій та комп'ютеризацією. RCA (Американська радіо корпорація) показували успішний запуск кольорового телебачення у США. Відвідувачі могли зайти на студію, де робили програми, і спостерігати за результатом на 250 телемоніторах, розміщених на території виставки. У павільйоні "Бел" презентувалися відеофони, голосові синтезатори, лазери, електронні іграшки та інші прилади із дослідницьких лабораторій. Корпорації показували свою технологічну інноваційність через представлення комп'ютера.

Another exposition that took place in New York City in 1964 testified to the new fantasy of modernity – space travel. After the successful launch of Sputnik, the first manned space flight, and the declaration of the intention to land a man on the moon, scientists, states and communities were dreaming of rockets. Rocket launches were shown on television, and discussions of interplanetary travel became everyday. Astronauts became pop culture idols, and many boys in the USSR were named after Yuri Gagarin and other space researchers.

The corporate pavilions at the 1964 Exposition emphasized the American companies' control over the media, telecommunication systems, and computerization. RCA (the Radio Corporation of America) showed the successful launch of color television in the USA. Visitors could enter the programming studio and watch the results on 250 TV monitors situated all over the Exposition. The Bell pavilion presented video phones, voice synthesizers, lasers, electronic toys, and other devices from research labs. Most corporations showed their technological innovations through computer presentation.

Графічний рисунок павільйону компанії IBM на всесвітній виставці у Нью-Йорку 1964 року

Ink drawing of the the IBM Pavilion at the 1964 New York World's Fair

THE WORLD OF TOMORROW: HOW IT WAS SEEN IN THE 1960s

Сто років конструювання майбутнього

1851 – світова виставка у Лондоні

Парові двигуни та машини, телеграф, шовковий одяг, шкляний посуд, доступне житло для працівників, неоготика, нові меблі, наукові інструменти, екзотичні тварини.

1964 – світова виставка у Нью-Йорку

Швидкісні автомагістралі в повітрі, величні хмародери, рухомі тротуари, підводні та пустельні поселення, місяцеходи та рейсові космічні кораблі, безкоштовна енергія та штучний інтелект.

A hundred years of making the future

World Fair, London, 1851

Steam engines and machines, the telegraph, silk clothing, glassware, accessible housing for workers, the Gothic Revival, new furniture, scientific instruments, and even an artificial Indian elephant.

World Fair, New York, 1964

Elevated highways, majestic skyscrapers, moving sidewalks, underwater and desert cities, moonwalkers and shuttle spacecraft, free energy and artificial intelligence

На території виставки 1964 року у Нью-Йорку корпорація "Клерол" розмістила машину, яка, могла підібрати найвдаліші відтінки волосся для жінок. Компанія "Паркер" представила машину, яка порівнювала американських дітей з їхніми іноземними колегами. Зал вільного підприємництва містив величезні ЕОМ, які відповідали на 120 запитань з економіки. Найбільший у світі творець розумних машин, компанія IBM, створила футуристичний павільйон, у якому відвідувачі могли зануритися у серце "розумної машини", яка розміщувалася у еліпсоподібній скарлупі, що підтримувалася величними металевими деревами.

Отож у фантазіях 1960-х домінували космічні технології, кольорове телебачення, відеофони та комунікаційні системи, атомні реактори, що мали зробити електрику безкоштовною та розумні машини, які віщували створення штучного інтелекту. В усіх павільйонах наявність комп'ютерів мала свідчити, що американські корпорації є творцями майбутнього.

At the 1964 New York Exibition the Clairol company had a machine that could select the best hair colors for women. The Parker Pen Company had a machine comparing American children with their international peers. The Free Enterprise room contained enormous computers that answered 120 questions in economics. IBM, the largest manufacturer of thinking machines in the world, built a futuristic pavilion whose visitors could get inside the heart of a "thinking machine" situated inside an elliptoid shell, supported by magnificent metallic trees.

The fantasies of the 1960s were thus dominated by space technology, color television, video phones and communication systems, nuclear reactors that were destined to make electricity free, as well as thinking machines that proclaimed the creation of artificial intelligence. The presence of computers in all pavilions was meant to confirm that American corporations were creators of the future.

П'ятим у світі за відвідуваністю серед розважальних тематичних парків є "Експериментальний прототип спільноти майбутнього" (ЕРСОТ), відкритий у 1982 році в США. ЕРСОТ був для Діснея проектом, що мав постійно розвиватися, випробовувати та представляти новітні матеріали і системи для покращення життя.

The fifth most-visted theme park in the world is EPCOT center, the Experimental Prototype Community of Tomorrow, which opened in 1982 in the United States. A result of the artistic vision of Walt Disney, EPCOT includes the «Innoventions», the Building of Innovations, which caught the imagination of viewers in 2008.

Вигляд павільйону ЕРСОТ (Експериментальний прототип спільноти майбутнього) у Діснейленді

Одна з мрій Уолта Діснея про життя у майбутньому.

View of the EPCOT (Experimental Prototype Community of Tomorrow) Pavilion in Disneyland

One of Walt Disney's dreams about future living.

THE WORLD OF TOMORROW: HOW IT WAS SEEN IN THE 1970s-1980s

Проект "Експериментальний прототип спільноти майбутнього" (EPCOT) мав стати прикладом інноваційності американського підприємництва. Мрія Діснея про заснування спільноти із двадцяти тисяч мешканців – як експеримент для планування міста майбутнього – ніколи не була реалізована. Проте знайшла втілення у формі розважального парку з такою ж назвою. Тут майбутнє виглядає як минуле з типовими будинками, проте всередині вони наповнені сучасною технікою. Серед спонсорів "Будинку мрії": Microsoft, HP, Life|ware та забудовник Taylor Morrison. В останній версії будинку майбутнього відвідувачі спостерігають, як уявна родина використовує новітні технічні досягнення мобільного зв'язку, комп'ютерної техніки, електронних іграшок та музики під час підготовки своєї подорожі на чемпіонат світу з футболу у Китаї. Тут можна взаємодіяти із членами родини, оскільки вони є реальними людьми, на відміну від ірреальних персонажів минулого.

Візії 1980-х років і надалі пов'язувалися з інформаційними технологіями: у 1984 році з'явився перший персональний комп'ютер, було стандартизовано протоколи TCP/IP, що дозволило створити Інтернет, і західний світ заговорив про інформаційне суспільство. Фантазія, яка стала значимою в контексті такого суспільства – це розумний будинок.

The Experimental Prototype Community of Tomorrow (EPCOT) was for Disney a project aimed to continuously develop, test out and present the newest materials and systems to improve life. The project was supposed to become an example for the innovation of American enterprise. Disney's dream about the creation of a community of 20 thousand inhabitants, as an experiment for the planned city of the future, was never realized, but came to life in the form of a theme park with the same name. Here the future looks at first like the past because the buildings appear standard from the outside, but inside they are full of new technology. Among the sponsors of the Building of Dreams are Microsoft, HP, Life | Ware and the builder Taylor Morrison. In the latest version visitors observed how an imagined family used the newest technology, electronic toys and music while preparing for their trip to the World Cup in China. Here you can interact with the family members, because they are real people, as opposed to the unreal persons of the past.

Visions of the 1980s were still connected to information technologies: in 1984 the first personal computer appeared, TCP/IP protocols were standardized, which allowed the creation of the internet and initiated discussions of the "information society" in the western world. The fantasy, which became reality in this society, is the Smart House.

Сучасність слід сприймати як майбутнє у зародку – майбутнє ж висвітлює потенціал сьогодення. Кожен крок уперед в технології обчислень наближає нас до остаточної мети – штучного розуму. Пророцтво інформаційного суспільства наближається до здійснення із виведенням на ринок кожної нової комп'ютерної програми, кожної конструкційної деталі. Сьогодення уже містить майбутнє, а це майбутнє пояснює сьогодення. Те, що є сьогодні – це те, що буде колись. Сучасна реальність – це бета-версія науково-фантастичної мрії: уявного майбутнього.

Річард Барбрук. "Уявне майбутнє: Від "розумних" машин до глобального села"

The present is understood as the future in embryo – and the future illuminates the potential of the present. Every step forward in computing technology is further progress towards the final goal of artificial intelligence. The prophecy of the information society comes closer to fulfillment with the launch of each new piece of software and hardware. The present already contains the future and this future explains the present. What is now is what will be one day. Contemporary reality is the beta version of a science fiction dream: the imaginary future.

Richard Barbrook. Imaginary Future: From Thinking Machines To The Global Village

НАРОДЖЕННЯ "РОЗУМНОГО" БУДИНКУ

THE BIRTH OF THE SMART HOUSE

Ідея "розумного будинку" з'явилася на Світовій виставці 1893 року у Чикаґо, а перші спроби його втілення сягають 1950-х років. Фахівці називають "розумним дім", який має високотехнологічну систему контролю освітлення, опалення, мультимедій, безпеки, відкривання та закривання дверей і багато інших функцій.

The very idea of the Smart House appeared for the World Exhibition in Chicago in 1893, and the first attempts to make it go as far back as the 1950s. Experts call the house "intelligent" that has a highly technological system of controlling lighting, heating, multi-media, home security, opening and closing doors, and other functions.

Система "РОЗУМНИЙ" БУДИНОК
The SMART HOUSE System

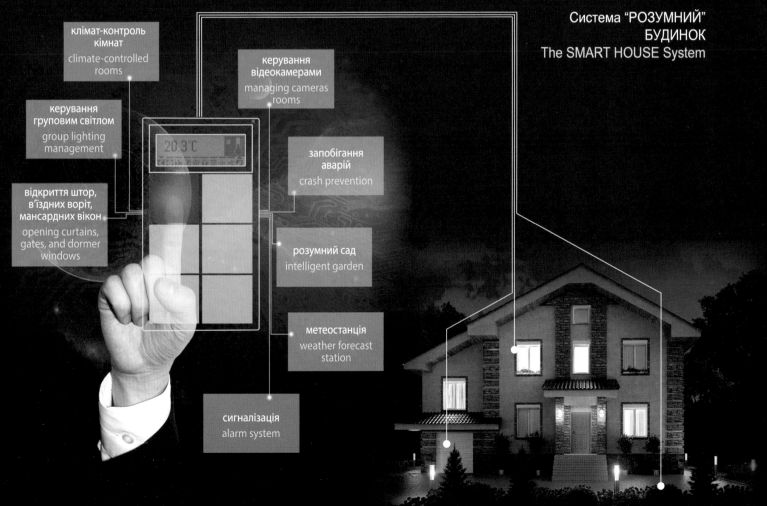

клімат-контроль кімнат
climate-controlled rooms

керування груповим світлом
group lighting management

відкриття штор, в'їздних воріт, мансардних вікон
opening curtains, gates, and dormer windows

керування відеокамерами
managing cameras rooms

запобігання аварій
crash prevention

розумний сад
intelligent garden

метеостанція
weather forecast station

сигналізація
alarm system

20.3 °C

НАРОДЖЕННЯ "РОЗУМНОГО" БУДИНКУ
THE BIRTH OF THE SMART HOUSE

Контроль відкриття вікон
Window opening controlstation

Сигналізація
Alarm system

Керування жалюзями
Blinds control

Керування клімат-контролем і вентиляцією
Climate and ventilation control

Датчик руху
Motion sensor

Контроль і керування побутовими пристроями
Appliance control

Керування освітленням
Lighting control

Імітація присутності
Imitation of presence

Керування пристроями в окремих приміщеннях
Appliance controls in different rooms

Сповіщення про несанкціоноване проникнення
Unlawful entry notificat

Контроль відкривання дверей
Door opening control

Керування опаленням
Heating control

"Інтелігентність" дому проявляється у здатності моніторити багато аспектів щоденного життя та автоматизовано управляти підтриманням життєдіяльності. Наприклад, холодильник може оглядати свій вміст, пропонувати меню, рекомендувати здорові альтернативи та замовляти свіжу їжу. Голлівудський фільм 1999 року "Розумний" будинок поширив у світі фантазію про дім, життя у якому розвивається або як комедія, або як наукова фантастика з елементами жахів, оскільки ми остерігаємося, що машини переймуть контроль над сферою нашого проживання.

Але відкинувши перестороги та інвестувавши чималу суму грошей, вже зараз можна мати "розумний" будинок і користуватися новітніми технологіями. Закодовані сигнали у ньому подаються через домашню мережу до вимикачів та розмаїтих приладів, які запрограмовані керувати обладнанням та електронними датчиками у кожній частині будинку. Така автоматизація процесів особливо корисна для оптимізації ресурсів, але, на жаль, мало доступна, особливо для старших людей та мешканців із особливими потребами.

Часто фантазії сучасної заможної людини – це житло посеред степу, пустелі чи лісу, з видом на море або на гору, а основне – екологічне та кероване, тобто розумне. Утопічне бачення "розумного" будинку стверджує, що дім майбутнього – це конструкція, начинена розмаїтими чіпами та датчиками, яка полегшуватиме наше життя у майбутньому.

The intelligence of house appears in its ability to monitor many aspects of everyday life and automatically adjust its activities. For example, the refrigerator might inventory its contents, suggest a menu, recommend healthy alternatives and order fresh food. The 1999 Hollywood film The Smart House spread across the world the fantasy of a house, in which life developed either as a comedy, or as a scientific fantasy with elements of nightmare, in as much as we perceive that machines are taking control on a part of our living space.

But throwing precaution aside and investing quite a sizeable sum of money, one could even now have a smart house using the latest technology. Encoded signals spread through the home network to a variety of switches and devices, which are programmed to direct the controls and electronic sensors in each part of the building. Such an automatization and optimization of processes is especially useful for the optimisation of resources, but unfortunately is not widely available, especially for older people and residents with special needs.

Often fantasies about a Smart House for a (rich) person is shown as a house in the middle of the desert or an empty space, or within a forest, with a superb view on the sea or a mountain, it is ecological and controllable – namely "smart." The utopian vision of the smart house confirms that the house of the future is a construction permeated with various chips and sensors, which will greatly facilitate our life in the future.

"Розумний" будинок обіцяє надати певний рівень життя своїм мешканцям. За допомогою розмаїтих приладів та пристосувань, "розумне" житло є сценою, яка творить спосіб життя для мешканців у вигляді своєрідного театру.

Дейвід Гекман. "Розумний" будинок як мрія досконалого життя"

The intelligent building promises to endow a certain level of life to its residents. With the help of various instruments and devices, the smart dwelling is a stage that creates a way of life for its inhabitants in the form of a kind of theater.

David Hekman. The Smart Building as a Dream of Perfect Life

Самодостатність

Основним принципом самодостатності будівлі є зменшення загального впливу споруди на навколишнє середовище і людське здоров'я, що досягається за рахунок ефективного використання енергії, води та інших ресурсів, скорочення кількості відходів, викидів та інших впливів на навколишнє середовище.

Такий будинок для опалення, гарячого водопостачання, вентиляції та кондиціонування використовує альтернативні джерела енергії з сонячного випромінювання, тепла ґрунту, тепла повітря й електроенергію. Для оптимізації витрат дах, фасад та будівельні матеріали в такому домі є енергоактивними через використання нових матеріалів і технологій. Окрім збереження ресурсів, такий будинок дає можливість контролювати витрати на його утримання, регулюючи обслуговування окремих його частин.

Гібридність

Якщо самодостатній будинок не обов'язково є "розумним", а "розумний" – самодостатнім, то сучасні уявлення про будинок майбутнього поєднують риси як одного, так і іншого. Він, напевно, буде гібридним, бо використовуватиме енергію різного походження у різні способи, а також інтерактивним, бо пропонуватиме нам різні рішення і чекатиме на наш вибір, щоб його втілити через мережеві системи комунікації.

Self-Sufficiency

The main principle of a building's self-sufficiency is the decrease of the general influence of the building on the surrounding environment and people's health, which is achieved by the efficient use of energy, water, and other resources, reducing the number of exits, entrances and other influences on the surrounding environment.

Such a building uses alternative energy sources, such as solar panels, the heat of the ground, warm air and electricity, to provide heating, hot water, ventilation and air conditioning. For the optimization of costs, the roof, the façade and the construction materials in such a house are energy-activating through the use of new materials and technologies. Apart from the conservation of resources, such a building allows its inhabitants to control costs on its maintenace by regulating attention to its separate parts.

Hybridity

If the self-sufficient building is not necessarily smart, and the smart not self-sufficient, contemporary imaginings of the house of the future bring together characteristics of both. The house of the future will probably be hybrid, because it will use energy from various sources in various ways, and also interactive, because it will suggest various solutions and wait for our selection, in order to activate it through the network's systems of communication.

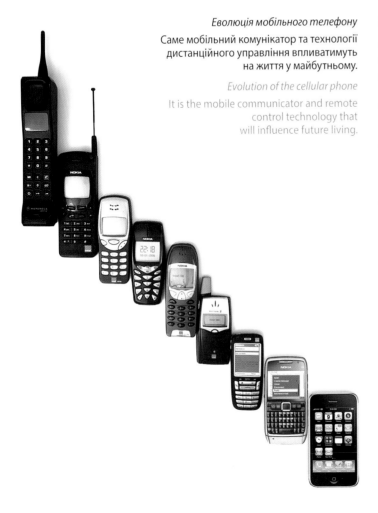

Еволюція мобільного телефону
Саме мобільний комунікатор та технології дистанційного управління впливатимуть на життя у майбутньому.

Evolution of the cellular phone
It is the mobile communicator and remote control technology that will influence future living.

Отож, будинок можна буде максимально допасувати до стилю життя та моделей поведінки і вподобань його мешканців. І, напевне, усе це буде коштувати чимало, як і тепер. Ми уже живемо у суспільстві, де обробка, передача та доступ до інформації відіграють велику роль. У майбутньому очікується, що "західний світ" все більше перетворюватиметься на суспільство мережі. Соціальні структури тут будуть організовані навколо чи за допомогою електронних інформаційних мереж (мобільний телефон, Фейсбук тощо). До електронних мереж будуть підключені люди включно з будинками чи квартирами. Це, найімовірніше, відрізнятиме "західний світ" від спільнот минулого, а також від інших мешканців світу.

Communication

In the second half of the 20th century, in addition to "futurist" writers and architects, the greatest attention to projecting life in the future was given by global mega companies, such as Microsoft, Google, Nokia, Samsung, and others. Technology makes a building controlled, autonomous, and automatized. Technology saves housekeeping efforts, helps shop, regulates heating and allows residents to stop worrying whether they have left on lights or water, or left open windows or doors.

In short, the building is easy to adapt to the lifestyle, behavior and preferences of its owners. All of this is likely to be expensive, just as it is today. We are already living in a society where data processing, communication, and access play an important role. In future "the West" is expected to become an increasingly networked society. Social structures here will be organized around (or with the help of) electronic information network (cell phones, Facebook, etc.). People will be hooked up to electronic networks through their houses or apartments. This will likely be the most salient distinction separating "the West" from communities of the past, and residents of other parts of the world.

Комунікація

У другій половині ХХ століття найбільшу увагу проектуванню життя у майбутньому, крім письменників-футуристів та архітекторів, приділяють глобальні мега-компанії, такі як Microsoft, Google, Nokia, Samsung та інші. Технології роблять будинок контрольованим, автономним, автоматизованим. Вони економлять зусилля на догляд за ним, допомагають у закупівлях, позбавляють нас турбот про невимкнене світло та воду, відкрите вікно і двері, регулюють опалення.

Квартира-майстерня художниці Антоніни Денисюк. Фото А. Боярова
Apartment/workshop of artist Antonina Denysiuk. Photograph by A.Boyarov

Робота вдома

Жодна з футуристичних обіцянок майбутніх будинків шістдесятирічної давнини не вгадала можливості праці вдома, подібно до того, як це було перед індустріальною революцією. Фантазії минулого про майбутнє переважно показували людину, яку зранку обслуговують домашні роботи, а потім вона стрибає у свою літаючу машину і прямує в офіс. В реальності людина прокидається, чистить зуби і прямує в піжамі перевірити ранкові повідомлення електронної пошти, або просто йде в домашній офіс працювати. Великий винахід XIX століття – телефон, перетворився на факс у XX столітті і на мобільний комунікатор – у XXI-му. Разом з комп'ютером цей чудо-прилад робить питання відстані не таким значимим для облаштування робочого місця.

Робота вдома має цілу низку переваг: можна прокидатися коли завгодно, працювати допізна (якщо є бажання, звісно), не треба стояти у дорожніх корках, марнувати час у громадському транспорті, тебе не відволікатимуть надокучливі колеги – одне слово, ти сам плануєш свою працю й відпочинок.

Однак праця вдома має й певні вади: перебуваючи поза колективом, можна втратити соціальні навики або ж, замість працювати, відволікатися на розмаїті дрібниці (особливо в інтернеті), геть втрачаючи відчуття часу й робочого ритму, що позначається на здоров'ї. Зміна традиційного ритму дім-робота може також впливати на сімейні стосунки.

Для людей, які можуть працювати вдома, але віддають перевагу спільній праці, існують комфортні робочі середовища, пристосовані до потреб творчих та інтелектуальних професій. Такі місця називають коворкінгом (co-working): можна орендувати робоче місце у спільному офісі терміном від 1 години до 1 місяця. Тут можна зустрітися із клієнтом, а головне – бути поруч з людьми, залишаючись при цьому незалежним працівником.

Work at home

None of the visions of living in the future from sixty years ago guessed at the possibility of people working at home, just as they did before industrial revolution. Past fantasies of the future usually showed a man waited upon by home robots in the morning; and then jumping into a flying car to go to the office. In fact, a modern person wakes up, brushes her teeth, and checks her e-mail while still in pyjamas; or simply goes to work in her home office.

The great nineteenth-century invention – the telephone – turned into the fax machine in the twentieth century, and the mobile communicator in the twenty-first. Together with the computer, this wonder gadget makes the question of distance less relevant to the organization of a workspace.

Working at home has a slew of advantages: one can wake up whenever one likes, work late (should one feel like it), avoid traffic or time spent in public transportation, and escape all distractions from tiresome co-workers. One can, in short, plan her own work and leisure hours.

However, work at home also has certain drawbacks: when working outside a collective, one can lose social habits, or let oneself be carried away by all manner of distractions (especially online). One can lose all sense of time and work rhythm, which takes its toll on the health. Changes in the traditional home/office rhythm can also affect family relations.

People who can work at home, but prefer working in the presence of others, can make use of comfortable work environments adapted to the needs of creative and intellectual professions. This practice is known as "co-working": a work space can be rented in a common office for a period of time from an hour to a month. This space can be used to meet with clients, but most importantly, it provides the opportunity to be around other people, while still remaining an independent professional.

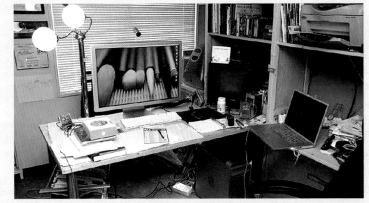

Домашній офіс – реальність, про яку не мріяли
Home office – a reality beyond dreams

Технології майбутнього

Короткий перелік понять та феноменів, які змінюють наше життя вже сьогодні:

Біометрія – сукупність автоматизованих методів і засобів ідентифікації людини

Нанотехнологія – це мікроелементи майбутнього, які вживлятимуться як будинкам так і людям

Кіборги (скорочення від "кібернетичний організм") – біологічні організми, що містять механічні або електронні компоненти, андроїди

Віртуальна реальність – комп'ютерні системи, які забезпечують візуальні і звукові ефекти, що занурюють глядача в уявний світ

Соціальні мережі – соціальна структура, утворена індивідами або організаціями у різних просторах

Доповнена реальність – доповнення реальності будь-якими віртуальними елементами

Контроль свідомості – застосування маніпулятивних методів при спробі змінити мислення людини без її бажання

Біоніка – використання біологічних методів та структур для розробки інженерних рішень та технологічних методів

Робототехніка – розробка автоматизованих технічних систем (роботів)

Проект геному людини – з метою зрозуміти генетичний склад людини

Future Technology

A brief list of concepts and phenomena already changing our lives today

Biometrics – the totality of automatized methods and means of human identification

Nanotechnology – microelements of the future, installed both in buildings, and in people

Cyborgs (short for "cybernetic organisms") – biological organisms containing mechanical or electronic components; androids

Virtual reality – computer systems that provide visual and aural effects immersing the viewer into an imaginary world

Social networks – social structures created by individuals or organizations in various spaces

Augmented reality – the augmentation of reality by any virtual elements

Mind control – the use of manipulative methods in an attempt to change a person's thinking without her knowledge

Bionics – the use of biological methods and structures to create engineering solutions and technological methods

Robotics – the development of automatized technical systems (robots)

Human Genome Project – an attempt to penetrate the human genetic makeup

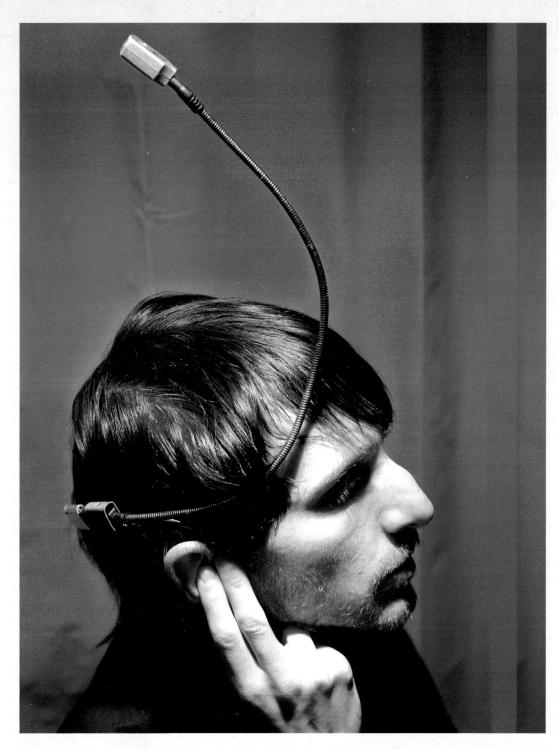

Ніл Гарбісон – перший офіційний
кіборг у світі
*Neil Harbisson – The World's First
Official Cyborg*

ЩО МИ ОБИРАЄМО СЬОГОДНІ

WHAT WE WANT TODAY

Сьогодні в усіх сегментах світового ринку приватного житлового будівництва популярні екологічні, енерго-ефективні, прості в будівництві котеджі, які вимагають мінімального обслуговування. Будівельники і продавці, що спеціалізуються на продажі готових проектів, вважають, що найбільш затребуваний сучасним замовником тип будин-ку – це котедж площею 120-150 квадратних метрів. У ньому, незалежно від габаритів, все має бути ергономічне і вивіре-не до дрібниць.

Типове планування передбачає будинок з мансардою, в якій міститься "приватна" зона. Простір першого поверху максимально відкритий і вміщає вітальню з кухнею та господарські приміщення. Планування передбачає мінімум перегородок і відокремлених приміщень. І найголовніше: бажаний будинок наших сучасників не зроблений з пластику, сяючого металу і не нагадує науково-популярну утопію з конвеєрами, антропоморфними роботами чи захованими в підлозі меблями. Ззовні будинок майбутнього мало чим відрізнятиметься від будинків минулого, основні відмінності будуть всередині.

Today in the home construction market the most popular models are ecological, energy-efficient cottages simple in construction that require minimal furnishing. Building contractors and sellers, who specialize in the sale of ready-prepared projects, believe that the type of building most in-demand by today's buyer is a cottage of 120-150 square feet, in which, regardless of size, everything has to be ergonomic and planned down to the last detail.

The standard design of today assumes that, first of all, this is a building with an attic, in which a private space is located. The first floor is as open as possible, and includes a living room, a kitchen, and space for hosting guests. Such a design involves a minimum of separation between separate spaces. The expectation also includes hybrid energy saving. And most importantly: from the outside the desired building of our contemporaries differs little from the building of the past; the primary changes are inside.

Як може виглядати самодостатній будинок майбутнього?

На початку XX століття – "машинної епохи" – людський будинок визначали як "машину для життя"… Сьогодні, через сто років, ми зіткнулися з необхідністю будівництва екологічно стійкого, навіть повністю автономного будинку, який схожий на живий організм, що взаємодіє з довкіллям, обмінюється з середовищем ресурсами та функціонує як самодостатня система – так, як це робить дерево, що росте в полі.

Вінсенте Ґваярт, директор Інституту передової архітектури (Іспанія)

How the Future House Might Look

At the beginning of the 20th century – the era of the machine – the human building was considered a machine for life. Today, after 100 years, we have reached the necessity of building an ecological, even fully automized building, which is similar to a live organism, which interacts with its environment, exchanges resources with the surrounding environment and functions as a self-sufficient system – as so trees, growing in a field.

Director of the Institute of Advanced Architecture of Catalonia, Vicente Guallart

Будинок компанії Blue Sky Building Systems, яка була заснована 2007 року в Південній Каліфорнії. Пропонується замовнику як готове екологічне, якісне та сучасне рішення.
Проект бюро "о2 Architecture"

Building of the Blue Sky Building Systems company (founded in South California in 2007). Offered to the clients a ready-made eco-friendly, high-quality and modern solution.
Project by the "о2 Architecture" office

ЩО МИ ОБИРАЄМО СЬОГОДНІ

WHAT WE WANT TODAY

"Традиційний будинок майбутнього"
"Traditional house of the future"

Ми є створіннями звички і любимо традиції. Навіть якщо ми із захопленням дивимося на ці будинки, однаково воліємо жити в будинку, який виглядає як традиційний будинок. Саме у цьому криються причини невдачі сучасного руху в архітектурі.

Сара Сусанка. "Невеличкий дім майбутнього"

We are creatures of habit and we like tradition. People could look at these houses with fascination, but we still like a house that looks like a house. The modern movement in architecture failed for that reason.

Sarah Susanka. The Not-So-Big House of the Future

БІБЛІОГРАФІЯ ІЛЮСТРАЦІЇ АВТОРИ

BIBLIOGRAPHY ILLUSTRATIONS AUTHORS

Бродель, Фернан. *Структура повсякденності: можливе і неможливе*. Київ, Основи, 1995

Бродель, Фернан. *Матеріальна цивілізація, економіка і капіталізм, XV-XVIII століття: Ігри обміну (том ІІ)*. Київ, Основи, 1997

Бродель, Фернан. *Матеріальна цивілізація, економіка і капіталізм, XV-XVIII століття: Час світу (том ІІІ)*. Київ, Основи, 1998

Глущенко, Ирина. *Общепит. Микоян и советская кухня*. Москва, Высшая Школа Экономики, 2010

Демезер, Астрик; Дзюба, М. (ред.). *Домоводство*. Москва, 1958

Меерович, Марк. *Наказание жилищем: Жилищная политика в СССР как средство управления людьми (1917-1937 гг.)* Москва, Российская политическая энциклопедия, 2008

Милова, Майя. *Красота и удобство своими руками*. Москва, Молодая гвардия, 1989

Неженцева, Зинаида. *Настольная книга для хозяек. Составлена по программе кулинарной школы Зинаиды Неженцевой в Харькове. Репринтное издание*. Харьков, Сага, 2011

Папанек, Виктор. *Дизайн для реального мира*. Москва, Д. Аонов, 2008

Юхнёва, Екатерина. *Петербургские доходные дома. Очерки из истории быта*. Москва, Санкт-Петербург, Центрполиграф, 2008

Ashenburg, Katherine. *Historia brudu*. Warszawa: Bellona, 2009.

Bachelard, Gaston. *The Poetics of Space*. Boston: Beacon Press, 1994.

Bergdoll, Barry, and Peter Christensen. *Home Delivery: Fabrication the Modern Dwelling*. New York: The Museum of Modern Art, 2008.

Bervoets, Liesbeth. "*Defeating Public Enemy Number One: Mediating Housing in the Netherlands*." Home Cultures 7, Issue 2 (2010): 179-196.

Bervoets, Liesbeth and Mikael Hard. "*Coping with Modernity: European Ways of Housing in the American Century*." Home Cultures 7, Issue 2 (2010): 109-116.

Bresnahan, Keith. "*Neurasthenic Subjects and the Bourgeois Interior*." Space and Culture 6 (2003): 169-177.

Bryson, Bill. *At Home: A Short History of Private Life*. Doubleday, 2010.

Busch, Akiko. *Geography of Home: Writings on Where We Live*. New York: Princenton Architectural Press, 1999.

Caldwell, Melissa, ed. *Food and Everyday Life in the Postsocialist World*. Indianapolis: Indiana University Press, 2009.

Certeau, Michael. Wynaleźć. *Sztuki działania*. Kraków: Uniwersytet Jagielloński, 2008.

Certeau, Michael, Luce Giard, and Pierre Mayol. *The Practice of Everyday Life. Vol.2: Living and Cooking*. Minneapolis: University of Minnesota Press, 1988.

Cha, In-Suk. "The Mundialization of Home: Towards an Ethics of the Great Society." *Diogenes* 53 (2006): 24-30.

Chartier, Roger, ed. *Historia Życia Prywatnego. Tom 3: Od renesansu do oświecenia*. Wrocław, Warszawa, Kraków: Ossolineum, 1999.

Cielątkowska, Romana, Lilia Onyszczenko-Szwec. *Detal architektury mieszkaniowej Lwowa XIX-XX wieku*. Gdańsk, 2006.

Cielątkowska, Romana. *Architektura i urbanistyka Lwowa II Rzeczypospolitej*. Zblewo: Art-Styl, 1998.

Cieraad, Irene. *At Home: An Anthropology of Domestic Space*. New York: Syracuse University Press, 1999.

Cowan, Ruth. *More Work For Mother: The Ironies Of Household Technology From The Open Hearth To The Microwave*. Basic Books, 1985.

Dant, Tim. *Kultura materialna w rzeczywistości społecznej*. Kraków: Uniwersytet Jagielloński, 2007.

Diagne, Souleymane Bachir. "The Life Force and the Utopia of the Post-Human." *Diogenes* 53 (2006): 103-108.

Dolkart, Andrew. *Biography of a Tenement House in New York City. An Architectural History of 97 Orchard Street.* New York: The Center fo American Places, 2007.

Finnimore, Brian. *Houses from the Factory. System Building and the Welfare State 1942-74.* London: Rivers Oram Press, 1989.

Freitag, Barbara. "The Familistery of Guise: A Utopia Realized." *Diogenes* 53 (2006): 88-94.

Gafijczuk, Dariusz. "Bending Modernity: Chairs, Psychoanalysis and the Rest of Culture." *Journal of Historical Sociology* 22, no. 4 (2009): 447-475.

Gilderbloom, John Ingram. *Invisible City. Poverty, Housing, and New Urbanism*. The University of Texas Press, 2008.

Goffman, Erving. *Człowiek w teatrze życia codziennego*. Warszawa: Aletheia, 2008.

Goody, Jack. *Food and Love: A Cultural History of East and West*. London: Verso, 2010.

Gordon, Tammy. *Private History in Public: Exhibition and the Settings of Everyday Life*. New York: Altamira Press, 2010.

Goux, Jean-Joseph. "Beyond Hopes and Disasters: The Rejuvenation of Utopia." *Diogenes* 53 (2006): 95-102.

Grier, Katherine C. *Culture and Comfort: Parlor Making and Middle-Class Identity, 1850-1930*. Washington: Smithsonian Books, 2010.

Gürel, Meltem Ö. "Bathroom as a Modern Space." *The Journal of Architecture* 13, no. 3 (2008): 215-233.

Guzowski, Piotr, Marzena Liedke, Małgorzata Ocytko, eds. *Granice i pogranicza. Mikrohistorie i historie życia codziennego*. Kraków: Avalon, 2011.

Haffner, Marietta,and others. *Bridging the gap between social and market rented housing in six European countries?* IOS Press, 2009.

Hård, Mikael. "The Good Apartment: the Social (Democratic) Construction of Swedish Homes." *Home Cultures 7*, Issue 2 (2010): 117-134.

Heynen, Hilde. "Belgium and the Netherlands: Two Different Ways of Coping with the Housing Crisis, 1945-70." *Home Cultures 7*, Issue 2 (2010): 159-178.

Hoepfner, Wolfram, and others. *Geschichte Des Wohnens*. Deutsche Verlags-Anstalt, 1999.

Hoffmann, Josef. *Interiors 1902-1913*. New York: Neue Galerie, 2006.

Johansson, Hanna, and Kirsi Saarikangas, eds. *Homes in Transformation. Dwelling, Moving, Belonging*. Helsinki: Finnish Literature Society, 2009.

Kaminski, Adam, ed. *Dom - spotkanie przestrzeni prywatnej i publicznej na tle przemian cywilizacyjnych XIX i XX w*. Gdansk: Wydawnictwo Uniwersytetu Gdan- skiego, 2008.

Kirschenbaum, Lisa A. "Our City, Our Hearths, Our Families": Local Loyalties and Private Life in Soviet World War II Propaganda." *Slavic Review* 59, no. 4 (2000): 825-847.

Kokot, Katarzyna, Andrzej Ładydyżyński. *Dom: perspektywy i znaczenia*. Wrocław: Oficyna Wydawnicza ATUT - Wrocławskie Wydawnictwo Oświatowe, 2011.

Kumar, Krishan and Ekaterina Makarova. "The Portable Home: The Domestication of Public Space." *Sociological Theory*, no. 26. (2008): 324-343.

Lefebvre, Henri. *Critique of Everyday Life. Foundation for a Sociology of the Everyday. Volume 2*. New York: Verso, 2008.

Lefebvre, Henri. *Critique of Everyday Life. From Modernity to Modernism. Volume 3*. New York: Verso, 2008.

Lefebvre, Henri. *Critique of Everyday Life. Volume 1*. New York: Verso, 2008.

Lux, Martin, ed. *Housing Policy: an End or a New Beginning?* Budapest: Open Society Institute, 2003.

Mansfield, Malcolm. "Putting Moral Standards on the Map: The Construction of Unemployment and the Housing Problem in Turn-of-the-Century London." *Journal of Historical Sociology* 21, no. 2/3 (2008): 166-182.

BIBLIOGRAPHY

Marcus, Sahron. *Apartment Stories. City and Home in Nineteenth-Century. Paris and London*. Los Angeles: University of California Press, 1999.

Miller, Daniel., ed. *Home Possessions. Material Culture Behind Closed Doors*. Oxford: Berg, 2001.

Morin, Edgar. "Realism and Utopia." *Diogenes* 53 (2006): 135-144.

Morley, David. *Przestrzenie domu. Media, mobilność i tożsamość*. Warszawa: Narodowe Centrum Kultury, 2011.

Palma, Vittoria Di. *Intimate Metropolis: Urban Subjects in the Modern City*. London, New York: Routledge, 2008.

Parusheva, Dobrinka and Iliyana Marcheva. "Housing in Socialist Bulgaria: Appropriating Tradition." *Home Cultures* 7, Issue 2 (2010): 137-216.

Patico, Jennifer. *Consuption and Social Change in a Post-Soviet Middle Class*. Stanford: Stanford University Press, 2008.

Perrot, Mihelle. *Historia życia prywatnego. Tom 4*. Wrocław: Ossolinskich, 1999.

Pile, John. *Historia wnętrz*. Warszawa: Arkady, 2006.

Pitz, Ernst. *Europäisches städtewesen und bürgertum*. Darmstadt: Wissenschaftliche buchgesellschaft, 1991.

Plunz, Richard. *A History of Housing in New York City*. New York: Columbia University Press, 1990.

Ronald, Richard. *The Ideology of Home Ownership. Homeowner Societies and the Role of Housing*. Palgrave Macmillan, 2008.

Schleifer, Simone, ed. *Interior Architecture*. Barcelona: FKG, 2008.

Schütte-Lihotzky, Margarete. *Die Frankfurter Küche von Margarete Schütte-Lihotzky*. Berlin: Ernst & Sohn, 1992.

Shove, Elizabeth. Comfort, *Cleanliness+Convenience. The Social Organization of Normality*. New York: Berg, 2003.

Solinis, German. "Utopia, the Origins and Invention of Western Urban Design." *Diogenes* 53 (2006): 79-87.

Spechtenhauser, Klaus, ed. *The Kitchen: Life World, Usage, Perspectives*. Basel: Birkhaäuser- Publishers for Architecture, 2006.

Stearns, Peter., ed. *A Day in the Life. Studying Daily Life through History*. London: Greenwood Press, 2006.

Stopa, Magdalena, Jan Bukczyński. *Ostańce: kamienice warszawskie i ich mieszkańcy*. Warszawa: Dom Spotkań z Historią, 2012.

Stopa, Magdalena, Jan Bukczyński. *Ostańce: kamienice warszawskie i ich mieszkańcy. Tom drugi*. Warszawa: Dom Spotkań z Historią, 2011.

Sztompka, Piotr, Małgorzata. Bogunia-Borowska, eds. *Socjologia codzienności*. Kraków: Znak, 2008.

Teige, Karel. *The Minimum Dwelling*. Cambridge: The MIT Press, 2002.

Uber, Heiner. *Democratic Design*. München, 2009.

Wong, Kam-ming. "The Butterfly in the Garden: Utopia and the Feminine in the Story of the Stone." *Diogenes* 53 (2006): 122-134.

Woroniecka, Grażyna, ed. *Co znaczy mieszkać? Szkice antropologiczne*. Warszawa: TRIO, 2007.

Zarecor, Kimberly Elman. "The Local History of an International Type: the Structural Panel Building in Czechoslovakia." *Home Cultures* 7, Issue 2 (2010): 217-236.

ЖИТЛОВА ПОЛІТИКА / POLITICS OF HOUSING _____

Вулиці Парижа, фото 1890-х років / Streets of Paris, 1890s
У суспільному надбанні / In the public domain
(http://commons.wikimedia.org/wiki/File:Paris1890s1.jpg)

Каміль Піссаро. Бульвар Монмартр (1897) / Camille Pissaro. Boulevard Montmartre in Paris (1897)
У суспільному надбанні / In the public domain
(http://commons.wikimedia.org/wiki/File:Camille_Pissarro,_Boulevard_Montmartre.jpg)

Париж. Фото Шарля Марвіля (1877) / Paris. Photo by Charles Marville (1877)
У суспільному надбанні / In the public domain
(http://commons.wikimedia.org/wiki/File:Arts_et_M%C3%A9tiers_(Ancien_Mod%C3%A8le).zjpg)

Модернізація Львова / Modernization of Lviv
Колаж Андрія Бондаренко, Андрія Лініка / Collage by Andriy Bondarenko and Andriy Linik

Малюнок з часопису "Punch" (1849) / Richard Doyle's illustration in Punch (1849)
У суспільному надбанні / In the public domain
(http://www.gutenberg.org/wiki/Punch_%28Bookshelf%29)

Отто Кірберг. Повернення додому / Otto Kirberg. Returning Home
У суспільному надбанні / In the public domain
(http://commons.wikimedia.org/wiki/File:Otto_Karl_Kirberg_-_Returning_Home.jpeg?useFormat=mobile)

План житлової кам'яниці початку XX ст., Львів, вул. О. Нижанківського (колишня вул. Бурляра) / Plan of apartment house - first decade of 20th century, Lviv, O. Nyzhankivskyi St. (former Bourlard St.)
Державний архів Львівської області / State Archives of Lviv Region

Ґустав Доре. Над Лондоном вздовж залізниці (1872) / Gustave Doré. Over London by rail (1872)
У суспільному надбанні / In the public domain
(http://en.wikipedia.org/wiki/File:Dore_London.jpg)

Зображення "Соціального палацу" Шарля Фур'є / Perspective view of Charles Fourier's Phalanstère
У суспільному надбанні / In the public domain
(http://en.wikipedia.org/wiki/File:Phalanst%C3%A8re.jpg)

Ґустав Доре. Хаундсдітч (1872) / Gustave Doré. Houndsditch (1872)
У суспільному надбанні / In the public domain
(http://en.wikipedia.org/wiki/File:Houndsditch.jpg)

Малюнок з часопису "Punch" (1849) / Illustration in Punch (1849)
У суспільному надбанні / In the public domain
(http://www.gutenberg.org/wiki/Punch_%28Bookshelf%29)

Будівельний статут, 1877 / "Regulations for Construction", 1877
Державний архів Львівської області / State Archives of Lviv Region

"Зразковий" будинок для бідних родин у Лондоні у XIX ст. / "Model house" for poor families in London in the 19th century
У суспільному надбанні / In the public domain
(http://en.wikipedia.org/wiki/File:Peabody_Buildings_1863.jpg)

Демонстрація у Будапешті наприкінці I світової війни. Фото Сесіль Тормай (1918) / Demonstration in Budapest towards the end of the First World War. Photo by Cecile Tormay, (1918)
У суспільному надбанні / In the public domain
(https://commons.wikimedia.org/wiki/File:Manifestaci%C3%B3n-hungr%C3%ADa--outlawsdiary00tormuoft.png)

Важкі 1920-ті роки. Черга до крамниці. Німеччина / Tuff 1920s. Lining up outside a store. Germany
Ліцензія / License: Creative Commons Attribution-Share Alike 3.0 Germany license. Bundesarchiv, Bild 146-1971-090-14 / CC-BY-SA
(https://commons.wikimedia.org/wiki/File:Bundesarchiv_Bild_146-1971-090-14,_Notzeit_der_20er_Jahre.jpg)

Берлін, вигляд з пташиного польоту, "Біле місто" / Luftbild Berlin, Weiße Stadt
Ліцензія / License: Creative Commons Attribution-Share Alike 3.0 Unported, 2.5 Generic, 2.0 Generic and 1.0 Generic license. Автор / Author: Ralf Roletschek
(http://commons.wikimedia.orgwikiFile2009-09-22-luftbild-berlin-by-RalfR-18.jpg)

Квартира стаханівця (фото початку 30-х рр.) / Stakhanovite's apartment (1930s)
Колекція Центрального державного кінофотофоноархіву України ім. Г. Пшеничного / Collection of H. S. Pshenychny Central State Cinema, Photo and Phono Archive of Ukraine

ILLUSTRATIONS

Кімната у "комуналці" у Санкт-Петербурзі / Room in "kommunalka" in Saint Petersburg
Віртуальний музей "Комунальна квартира" / The virtual museum "Communal apartment"
(http://www.kommunalka.spb.ru/cfm/photos.cfm?ClipID=298&TourID=840)

Бараки Форт Уейн у Детройті (1934) / Fort Wayne Barracks, Detroit (1934)
У суспільному надбанні / In the public domain
(http://commons.wikimedia.org/wiki/File:Fort_Wayne_Barrack_1934.jpg)

Нетрі у Новому Орлеані, штат Луїзіана, США / Slums in New Orleans, Louisiana, USA
У суспільному надбанні / In the public domain
(http://commons.wikimedia.org/wiki/File:US_Housing_Authority,_New_Orleans,_Louisiana_Site_La_1-1_St._Thomas_Street,_the_before_photo_-_NARA_-_196086.tif)

Житловий будинок 1930-х років у Львові, на вул. Є. Коновальця (колишня вул. 29 листопада) / Apartment house built in Lviv in the 1930s, Konovaltsia St. (former 29th November St.)
Ліцензія / License: Creative Commons Attribution 3.0 Unported license. Автор / Author: Aeou
(http://commons.wikimedia.org/wiki/File:12_Konovaltsia_Street,_Lviv.jpg)

Функціоналістичний будинок у Брно, Чехія / Functionalist houses, Brno, Czech Republic
Ліцензія / License: Creative Commons Attribution-Share Alike 3.0 Unported, 2.5 Generic, 2.0 Generic and 1.0 Generic license. Автор / Author: Martin Strachoň / Wikimedia Commons
(http://commons.wikimedia.org/wiki/File:Brno_%C5%BDabov%C5%99esky_Kolonie_Nov%C3%BD_d%C5%AFm_2.jpg)

Галл-Гоф, муніципальний житловий будинок у дільниці Альзергрунд, Відень, 1924-25 / Gallhof, municipality building, Alsergrund, Vienna, 1924-25
Ліцензія / License: Creative Commons Attribution-Share Alike 3.0 Unported, 2.5 Generic, 2.0 Generic and 1.0 Generic license.
Автор / Author: Kurt Forstner
(http://de.wikipedia.org/w/index.php?title=Datei:Gall-Hof_(detail).JPG&filetimestamp=20050911204106)

Карл-Маркс-Гоф, Відень / Karl-Marx-Hof, Vienna, 2010
Фото Андрія Боярова / Photo by Andriy Boyarov

Будинок-комуна Наркомфіну у Москві / House commune Narkomfin in Moscow
Ліцензія / License: Creative Commons Attribution-Share Alike 2.5 Generic license. Автор / Author: NVO
(http://commons.wikimedia.org/wiki/File:Narkomfin_Building_Mocow_2007_01.jpg)

Житловий комплекс, збудований у 1926 -1928 рр. (Львів, вул. Стрийська) / Residential complex, built 1926-1928 in Lviv (Stryiska St.)
Фото Андрія Бондаренка / Photo by Andrii Bondarenko

Будинок для працівників трамвайного депо, Львів / The Tram Depot Workers Building, Lviv
Реконструкція оригінального вигляду, Юрій Драницький / Reconstruction of authentic look by Yurii Dranytskyi

Проект забудови дільниці біля міської електростанції у Львові / Development project of district in Lviv near city power-station
Ілюстрація з часопису "Architektura i budownictwo" (вересень 1926) / Illustration from the periodical "Architektura i budownictwo" (September 1926)

"Будинок уряду" / Moscow's House of Government
Ліцензія / License: Creative Commons Attribution-Share Alike 3.0 Unported, 2.5 Generic, 2.0 Generic и 1.0 Generic. Автор / Author: A.Savin
(http://commons.wikimedia.org/wiki/File:Dom-na-naberezhnoi.jpg?uselang=ru)

Примусове переселення до гетто у Лодзі / Forsed Resettlements into the Lodz Ghetto
Ліцензія / License: Creative Commons Attribution-Share Alike 3.0 Germany license Bundesarchiv, R 49 Bild-1311 / CC-BY-SA
(http://commons.wikimedia.org/wiki/File:Bundesarchiv_R_49_Bild-1311,_Ghetto_Litzmannstadt,_Deportation.jpg?uselang=de)

Львівський оперний театр / Lviv Opera House
Колекція Центрального державного кінофотофоноархіву України ім. Г. Пшеничного / Collection of H. S. Pshenychny Central State Cinema, Photo and Phono Archive of Ukraine

"Хрущовка" у Києві / "Khrushchovka" in Kyiv
У суспільному надбанні / In the public domain
(http://commons.wikimedia.org/wiki/File:%D0%A5%D1%80%D1%83%D1%89%D0%BE%D0%B2%D0%BA%D0%B0.JPG)

Чотириквартирний дім (Львів, вул. Балтійська) / The semi-attached house in Lviv (Baltiyska St.)
Фото Андрія Бондаренка / Photo by Andrii Bondarenko

Планування трикімнатної квартири в будинку серії ГІ (Санкт-Петербург) / 3-rooms flat plan in Khrushchev GI series (Saint Petersburg)

Ліцензія / License: Creative Commons Attribution-Share Alike 3.0 Unported license. Автор / Author: Melee

(http://commons.wikimedia.org/wiki/File:GI_Planirovka_3K.jpg)

Інтер'єр сходової клітки у "хрущовці" / Staircase interior in "Khrushchovka"
Фото Ірини Дяк / Photo by Iryna Dyak

Сім'я слюсара-складальника вселяється в нову квартиру (Київ, 1962 р.) / A locksmith's family is moving to new flat (Kyiv, 1962)
Колекція Центрального державного кінофотофоноархіву України ім. Г. Пшеничного / Collection of H. S. Pshenychny Central State Cinema, Photo and Phono Archive of Ukraine

У квартирі бригадира Дарницького шовкового комбінату (Київ, 1964 р.) / In the apartment of a brigadier fram the Darnytsia Silk Works (Kyiv, 1964)
Колекція Центрального державного кінофотофоноархіву України ім. Г. Пшеничного / Collection of H. S. Pshenychny Central State Cinema, Photo and Phono Archive of Ukraine

Житлові "кубічні" будинки у Роттердамі, Нідерланди, 1980-і роки / Residential Cube House in Rotterdam, Netherlands, 1980s
Ліцензія / License: Creative Commons Attribution-Share Alike 3.0 Unported, 2.5 Generic, 2.0 Generic and 1.0 Generic license. Автор / Author: Saku Takakusaki

(http://commons.wikimedia.org/wiki/File:Rotterdam_Cube_House.jpg)

Житловий мікрорайон у Бронксі, Нью-Йорк, США (1973) / A vast housing development in the Bronx, New-York, USA (1973)
У суспільному надбанні / In the public domain

(http://commons.wikimedia.org/wiki/File:APARTMENTS_OF_%22CO-OP_CITY,%22_A_VAST_HOUSING_DEVELOPMENT_IN_THE_BRONX,_NOT_FAR_FROM_PELHAM._THESE_BUILDINGS_STAND_ON..._-_NARA_-_549766.tif)

"Левіттаунські" околиці містечка Боуї, Меріленд, США / Levittown suburbs in Bowie, Maryland, USA
Ліцензія / License: Creative Commons Attribution-Share Alike 2.5 Generic license. Автор / Author: Andrew Bossi

(http://commons.wikimedia.org/wiki/File:2008_01_02_-_MD564_@_Chapel_Ave_03.JPG)

Левіттаун у Пенсильванії, вигляд з літака / Aerial view of Levittown, Pennsylvania
У суспільному надбанні / In the public domain

(http://commons.wikimedia.org/wiki/File:LevittownPA.jpg)

Руйнування комплексу "Прюіт-Ігоу" (1972) / Demolition of Pruitt-Igoe (1972)
У суспільному надбанні / In the public domain

(http://commons.wikimedia.org/wiki/File:Pruitt-Igoe-collapses.jpg)

Панельні новобудови у Манчестері, Велика Британія / Housing blocks in Manchester, Great Britain
Ліцензія / License: Creative Commons Attribution-Share Alike 3.0 Unported license. Автор / Author: Parrot of Doom

(http://commons.wikimedia.org/wiki/File:Terraced_housing_and_tower_blocks_eccles_greater_manchester.png)

ДИЗАЙН ДЛЯ ДОМУ / HOME DESIGN

Вільям Морріс. Дизайн "гратчастих шпалер" (1862) / William Morris. Design for Trellis Wallpaper (1862)
У суспільному надбанні / In the public domain

(http://commons.wikimedia.org/wiki/File:William_Morris_design_for_Trellis_wallpaper_1862.jpg)

Дітер Рамс. Універсальна система полиць (1960) / Dieter Rams. Universal Shelving System (1960)
Ліцензія / License: Creative Commons Attribution-Share Alike 3.0 Unported license.

(http://commons.wikimedia.org/wiki/File:606-Universal-Shelving-System.jpg)

Американська національна виставка у Москві (1959). Фото Томаса О'Геллорана / American National Exhibition in Moscow (1959). Photo by Thomas J. O'Halloran
У суспільному надбанні / In the public domain

(http://lcweb2.loc.gov/service/pnp/ppmsca/19700/19729v.jpg)

І. Г. Чашник, тарілка "Супрематизм", порцеляна (1923-1925)/ I. G. Chashnik, plate, "Suprematism," porcelain (1923-1925)
К.А. Макаров, "Советское декоративное искуство", Москва, 1974 / К.А. Makarov. Soviet Decorative Art. Moscow, 1974

М.М. Адамович, тарілка "Хто не працює, той не їсть" (1924) / M.M. Adamovych, plate "He who does not work, does not eat"
К.А. Макаров, "Советское декоративное искуство", Москва, 1974 / К.А. Makarov. Soviet Decorative Art. Moscow, 1974

ІЛЮСТРАЦІЇ

ILLUSTRATIONS

Стаття "Що зробила редакція "Комсомольської правди"? / Article "What did the editorial board of Komsomolska Pravda do?.."
Газета "Комсомольска правда" (1928) / Newspaper "Komsomolska pravda" (1928)

С. М. Мартинов… в колі сім'ї. Запоріжжя (1955) / S. M. Martynov… pictured with his family. Zaporizhzhia (1955)
Колекція Центрального державного кінофотофоноархіву України ім. Г. Пшеничного / Collection of H. S. Pshenychny Central State Cinema, Photo and Phono Archive of Ukraine

Н. Я. Данько "Обговорення Радянської Конституції", порцеляна (1937) / N. Ia. Danko, "Discussion of the Soviet Constitution," porceleain (1937)
К.А. Макаров, "Советское декоративное искуство", Москва, 1974 / K.A. Makarov. Soviet Decorative Art. Moscow, 1974

П. В. Леонов, сервіз "Красуня", порцеляна (1937) / P. V. Leonov, table set "Beauty", porcelain (1937)
К.А. Макаров, "Советское декоративное искуство", Москва, 1974 / K.A. Makarov. Soviet Decorative Art. Moscow, 1974

Обкладинка журналу "Декоративне мистецтво СРСР" (1962) / Cover of the periodical "Decorative Art of the USSR" (1962)

Ілюстрації до книги М. І. Барановського "Сучасна квартира" (1982) / Illustrations to the book by M. I. Baranovsky, "The Modern Apartment" (1982)

Ілюстрації до книги М. І. Барановського "Сучасна квартира" (1982) Поєднання шафи та ліжка, як рішення для малогабаритних квартир / Illustrations to the book by M. I. Baranovsky, "The Modern Apartment" (1982) Joining the chest of drawers with the bed offers a solution for small apartment

Виставка у Ляйпцгу (1973) / Exhibition in Leipzig (1973)
Ліцензія / License: Creative Commons Attribution-Share Alike 3.0 Germany license. Bundesarchiv, Bild 183-M0312-0105 / Raphael (verehel. Grubitzsch), Waltraud / CC-BY-SA
(http://commons.wikimedia.org/wiki/File:Bundesarchiv_Bild_183-M0312-0105,_Leipzig,_Messe,_Möbel.jpg)

Виставка в Баден-Вюртемберзі (1966) / Exhibition in Baden-Wuerttemberg (1966)
Ліцензія / License: Creative Commons Attribution-Share Alike 3.0 Germany license. Bundesarchiv, B 145 Bild-F022125-0003 / CC-BY-SA
(http://commons.wikimedia.org/wiki/File:Bundesarchiv_B_145_Bild-F022125-0003,_Bonn,_Landesvertretung_Baden-W%C3%BCrttemberg.jpg)

Реклама IKEA у паризькому метро (2010) / IKEA advertisement in Paris subway (2010)
Ліцензія / License: Creative Commons Attribution-Share Alike 3.0 Unported license. Автор / Author: Clicsouris
(http://commons.wikimedia.org/wiki/File:Metro_de_Paris_-_Ligne_8_-_Opera_IKEA.jpg)

Магазин IKEA у Польщі / IKEA store in Poland
У суспільному надбанні / In the public domain
(http://commons.wikimedia.org/wiki/File:Poland._Gmina_Raszyn._Janki_002.JPG)

Світильник MASKROS виробництва IKEA / MASKROS pendant lamp, IKEA
Ліцензія / License: Creative Commons Attribution-Share Alike 3.0 Unported license. Автор / Author: Olybrius
(http://commons.wikimedia.org/wiki/File:IKEA_light_fixture_(1).jpg)

Меблі для балкону та лоджії / Furniture for the balcony and loggia
Ілюстрація до книги М. І. Барановського "Сучасна квартира" (1982) / Ilustration to a book by M. I. Baranovsky, "The Modern Apartment" (1982)

Кольорові стільці на Меблевому салоні в Мілані (2009) / Colored chair exhibit at a furniture salon in Milan (2009)
Ліцензія / License: Creative Commons Attribution 2.0 Generic license. Автор / Author: Lord Brummel
(http://commons.wikimedia.org/wiki/File:Il_salone_%C3%A8_mobile_color_chairs.jpg)

Чарльз Ренні Макінтош "Хілл Хаус 1", 1903 / Charles Rennie Mackintosh, Hill House 1, 1903
Експонат виставки "Дім: Століття змін ". Фото Олексія Хорошка / From the exhibition"Home: A Century of Change". Photo by Oleksii Khoroshko

Ґерріт Рітвельд "Червоно-синій стілець", 1918-1923 / Gerrit Rietveld, Red and Blue Chair, 1918-1923
Експонат виставки "Дім: Століття змін ". Фото Олексія Хорошка / From the exhibition"Home: A Century of Change". Photo by Oleksii Khoroshko

Міс Ван дер Рое "MR 20", 1927 / Mies Van Der Rohe, MR 20, 1927
Експонат виставки "Дім: Століття змін ". Фото Олексія Хорошка / From the exhibition"Home: A Century of Change". Photo by Oleksii Khoroshko

Алвар Аалто "Крісло № 41 Пайміо", 1930 / Alvar Aalto, Art. 41 Paimio, 1930
Експонат виставки "Дім: Століття змін ". Фото Олексія Хорошка / From the exhibition"Home: A Century of Change". Photo by Oleksii Khoroshko

Вернер Пантон "Крісло Пантона", 1959-1960 / Werner Panton, Panton Chair, 1959-1960
Експонат виставки "Дім: Століття змін ". Фото Олексія Хорошка / From the exhibition"Home: A Century of Change". Photo by Oleksii Khoroshko

Ееро Аарніо "Крісло-куля", 1965 / Eero Aarnio, Ball Chair, 1965
Експонат виставки "Дім: Століття змін ". Фото Олексія Хорошка / From the exhibition"Home: A Century of Change". Photo by Oleksii Khoroshko

Френк Ґері "Звивисте крісло", 1972 / Frank Gehry, Wiggle Side Chair, 1972
Експонат виставки "Дім: Століття змін ". Фото Олексія Хорошка / From the exhibition"Home: A Century of Change". Photo by Oleksii Khoroshko

Рон Арад "Добре темперероване крісло", 1986 / Ron Arad, Well-tempered Chair, 1986
Експонат виставки "Дім: Століття змін ". Фото Олексія Хорошка / From the exhibition"Home: A Century of Change". Photo by Oleksii Khoroshko

КОРИДОРИ І ДОДАНІ ПРОСТОРИ / HALLWAYS AND ADDED SPACES _____

Поштові скриньки у Талліні / Mailboxes in Tallinn
У суспільному надбанні / In the public domain
(http://commons.wikimedia.org/wiki/File:EU-EE-Tallinn-LAS-Katleri-vandalised_mailboxes.JPG)

Сходова клітка будинку у Львові / Staircase in Lviv
Фото Андрія Боярова / Photo by Andriy Boyarov

Холл вілли Сен-Сір, Франція / Villa Saint Cyr hall in Bourg-la-Reine, France
http://commons.wikimedia.org/wiki/File:Villa_Saint_Cyr_Hall.jpg
Ліцензія / License: Creative Commons Attribution-Share Alike 3.0 Unported, 2.5 Generic, 2.0 Generic and 1.0 Generic license Автор / Author: Lionel Allorge
(http://commons.wikimedia.org/wiki/File:Villa_Saint_Cyr_Hall.jpg)

Двері ліфта у панельному будинку в Талліні / Elevator doors in an apartment building in Tallinn
У суспільному надбанні / In the public domain
(http://commons.wikimedia.org/wiki/File:EU-EE-Tallinn-LAS-Elevator.JPG)

Громадський умивальник зі Львова / Bassena from Lviv
Експонат виставки "Дім: Століття змін ". Фото Олексія Хорошка / From the exhibition"Home: A Century of Change". Photo by Oleksii Khoroshko

Коридор комунальної квартири, Санкт-Петербург (1997) / The hallway in a communal apartment, St. Petersburg (1997)
http://www.kommunalka.spb.ru/cfm/photos.cfm?TourID=104
Віртуальний музей "Комунальна квартира" / The virtual museum "Communal apartment"

Плакат Колса Філіпса "Світло споживає вугілля…" (1917) / Poster by Coles Phillips "Light consumes coal…" (1917)
У суспільному надбанні / In the public domain
(http://commons.wikimedia.org/wiki/File:Coles_Phillips_WWI_poster.jpg)

Коридор львівської квартири / Corridor in a Lviv apartment
Фото Ірини Дяк / Photo by Iryna Dyak

Телефон / The telephone
Експонат виставки "Дім: Століття змін ". Фото Олексія Хорошка / From the exhibition"Home: A Century of Change". Photo by Oleksii Khoroshko

Тапочки / Slippers
Експонат виставки "Дім: Століття змін". Наданий Іваном Левченко. Фото Олексія Хорошка / From the exhibition"Home: A Century of Change". Courtesy of Ivan Levchenko. Photo by Oleksii Khoroshko

Порохотяг FAMULUS, виробництва Австрії, 1950-х років / FAMULUS vacuum cleaner, made in Austria, 1950s
Експонат виставки "Дім: Століття змін ". Фото Олексія Хорошка / From the exhibition"Home: A Century of Change". Photo by Oleksii Khoroshko

Балкони у Битомі, Польща (2010) / Balconies in Bytom, Poland (2010)
Фото Андрія Боярова / Photo by Andriy Boyarov

Засклені балкони у Запоріжжі (2010) / Glazed balconies in Zaporizhia (2010)
Фото Андрія Боярова / Photo by Andriy Boyarov

Вид на дахи Стразбурга / Roofviewed in Strasbourg
Ліцензія / License: Creative Commons Attribution-Share Alike 3.0 Unported
Автор / Author: Philippe Alès
(http://commons.wikimedia.org/wiki/File:Roofs_and_street_viewed_from_above_in_Strasbourg.jpg?uselang=it)

Будинок фонду Тейлора з лофтом для митців на останньому поверсі, Париж / House of the Taylor (1789-1889) foundation with loft for artist on the last floor, Paris
У суспільному надбанні / In the public domain
(http://commons.wikimedia.org/wiki/File:Rue_La_Bruy%C3%A8re,_1.jpg)

ІЛЮСТРАЦІЇ

ILLUSTRATIONS

ВІТАЛЬНЯ: ЧИЯ КІМНАТА? / THE LIVING ROOM: WHOSE ROOM? _____

Чарльз Ессенхай Корк. Вітальня у старому домі родини Остін. Севенокс (1905) / Charles Essenhigh Corke. Drawing room of the old house of the Austen family. Sevenoaks (1905)
У суспільному надбанні / In the public domain
_(http://commons.wikimedia.org/wiki/File:Charles_Essenhigh_Corke_Drawing_room_Austen_House_Sevenoaks_1905.jpg)_

Жозе Феррас де Алмейда молодший. Адольфо Августо Пінто з родиною (1891) / José Ferraz de Almeida the Yonger . Adolfo Augusto Pinto with His Family (1891)
У суспільному надбанні / In the public domain
_(http://commons.wikimedia.org/wiki/File:Almeida_J%C3%BAnior_-_Cena_de_Fam%C3%ADlia_de_Adolfo_Augusto_Pinto,_1891.JPG)_

Сім'я слюсара Київського заводу мінеральної вовни Олєйнікова Е. А. у новій квартирі,1954 / The family of the E.A. Oleinikov, a fitter at the Kyiv Factory of Mineral Wool, in a new apartment, Kyiv, 1954
Колекція Центрального державного кінофотофоноархіву України ім. Г. Пшеничного / Collection of H. S. Pshenychny Central State Cinema, Photo and Phono Archive of Ukraine

Юліус Шмід. Шубертіада (1897) / Julius Schmid. Schubertiade (1897)
У суспільному надбанні / In the public domain
_(http://commons.wikimedia.org/wiki/File:Julius_Schmid_Schubertiade.jpg)_

Карл Ларссон. Квіти на підвіконні / Carl Larsson. Flowers on the windowsill
У суспільному надбанні / In the public domain
_http://sv.wikipedia.org/wiki/Fil:Blomsterfönstret_av_Carl_Larsson_1894.jpg_

Вільгельм Хаммершьой. Сонячна вітальня (1901) / Vilhelm Hammershøi. The Sunny Parlor (1901)
У суспільному надбанні / In the public domain
_(http://commons.wikimedia.org/wiki/File:Vilhelm_Hammershøi_Sonnige_Stube_1905.jpg)_

Гарнітур для вітальні. Виставка меблів у Берліні (1956) / Set for living room. Furniture exhibition in Berlin (1956)
Ліцензія / License: Creative Commons Attribution-Share Alike 3.0 Germany license. Bundesarchiv, Bild 183-35687-0008 / CC-BY-SA
_(http://commons.wikimedia.org/wiki/File:Bundesarchiv_Bild_183-35687-0008,_Berlin,_Möbelausstellung,_Wohnzimmer.jpg)_

Інтер'єр сучасної вітальні. Німеччина (2006) / Interior of modern living room. Germany (2006)
Ліцензія / License: Creative Commons Attribution 2.0 Generic license. Автор / Author: Reiner Kraft from Gilroy, USA
_(http://fr.wikipedia.org/wiki/Fichier:Living_room_Germany_2006.jpg)_

Ілюстрація до часопису "Innen Dekoration", 1927 / Illustration to the "Innen Dekoration" magazine, 1927

Сантьяго Русіньйол. Літня злива (1891) / Santiago Rusiñol. Summer Shower (1891)
_(http://commons.wikimedia.org/wiki/Image:Santiago_Rusinol_Summer_Shower_1891.jpg?uselang=it (У суспільному надбанні / In the public domain)_

Директор Бердянського санаторного пансіоната "Лазурний"… Куйгурцев Євген Максимович з дружиною та синами в години дозвілля. / The director of the Berdiansk Sanatorium "Lazurnyi", Evhen Kuihurtsev,… with his wife and sons during their leisure time. Berdiansk, 1970s-80s
Колекція Центрального державного кінофотофоноархіву України ім. Г. Пшеничного / Collection of H. S. Pshenychny Central State Cinema, Photo and Phono Archive of Ukraine

Інтер'єр вітальні. Львів, 1930-ті рр. / Living room interior. Lviv, 1930s
Колекція Андрія Отко / Collection of Andriy Otko

Едвард Феншоу. Вітальня родини Феншоу (близько 1855) / Edward Gennys Fanshawe. The Fanshawes' sitting room (circa 1855)
У суспільному надбанні / In the public domain
_(http://commons.wikimedia.org/wiki/File:Edward_Gennys_Fanshawe,_The_Fanshawes'_sitting_room.jpg)_

Сімейні фото мешканців галицького містечка Снятина, кінець XIX – початок XX ст. / Family photos from Sniatyn, a town in Galicia, the end of the nineteenth and early twentieth centuries
Колаж Ірини Дяк. Матеріали Центру міської історії Центрально-Східної Європи / Collage by Iryna Dyak. Collection of Center for Urban History of East Central Europe

Видання з серії "Бібліотека всесвітньої літератури" з 1 по 200 том. / Publication of the series "Library of World Literature" volumes 1 to 200
У суспільному надбанні / In the public domain
_(http://ru.wikipedia.org/wiki/Файл:БВЛ_на_полке.jpg)_

Розкладне ліжко / The pull-out bed
Ілюстрація з книги М.І. Барановського "Сучасна квартира", 1982 / Illustration from M.I. Baranovskyi, "The Modern Apartment", 1982

"Стінка" у одній з львівських квартир / "The Wall" in an apartment in Lviv
Фото Олексія Хорошка / Photo by Olekisii Khoroshko

За кавою: набір посуду від Єнської фабрики скляних виробів, 1955 / Over coffee: tea set from the Jena Glassware Factory, 1955
Ліцензія / License: Creative Commons Attribution-Share Alike 3.0 Germany license. Bundesarchiv, Bild 183-29410-0011 / CC-BY-SA
http://commons.wikimedia.org/wiki/File:Bundesarchiv_Bild_183-29410-0011,_Kaffeetafel,_Jenaer_Glas.jpg

КУХНЯ: ВІД МІСЦЯ ДЛЯ ЖІНКИ ДО МІСЦЯ ДЛЯ УСІХ? / THE KITCHEN: FROM A WOMAN'S PLACE TO A PLACE FOR ALL? —————

Джузеппе Марія Креспі "Посудомийка" (1710-1715) / Giuseppe Maria Crespi. The Scullery Maid (1710-1715)
У суспільному надбанні / In the public domain
(http://commons.wikimedia.org/wiki/File:Giuseppe_Maria_Crespi_-_The_Scullery_Maid_-_WGA5770.jpg)

Електрична кухня. Ілюстрація до американського часопису "Популярна наука" (1893-1894) / An electric kitchen. Illustration to american magazine "Popular Science" (1893-1894)
У суспільному надбанні / In the public domain
(http://commons.wikimedia.org/wiki/File:PSM_V44_D054_An_electric_kitchen.jpg)

Інспекція захаращеного однокімнатного житла у підвалі (Нью-Йорк, бл. 1900) / Officials inspect a cluttered one-room basement dwelling (New York City, circa1900)
У суспільному надбанні / In the public domain
(http://commons.wikimedia.org/wiki/File:Two_officials_of_the_New_York_City_Tenement_House_Department_inspect_a_cluttered_base-ment_living_room,_ca._1900_-_NARA_-_535469.jpg)

Заняття з куховарства, Сілезія, Німеччина (бл.1930 р.) / Cooking Class, Silesia, Germany (circa1930)
Ліцензія / License: Creative Commons Attribution-Share Alike 3.0 Germany license. Автор / Author: Klaus D. Peter, Wiehl, Germany
(http://de.wikipedia.org/wiki/Datei:Kueche.jpg)

Алеардо Вілла. Рекламний плакат газової компанії Aerogeno (1902) / Aleardo Villa. Advertising poster for Aerogeno Gas company (1902)
У суспільному надбанні / In the public domain
(http://it.wikipedia.org/wiki/File:Aleardo_Villa_-_Gas_Aerogeno_-_1902.jpg)

Ілюстрація до книги Кетеріни Бічер "Дім американської жінки" (1869) / Illustration to Catharine Beecher's "The American Woman's Home" (1869)
У суспільному надбанні / In the public domain
(http://en.wikipedia.org/wiki/File:Beecher_kitchen.jpg)

Ілюстрація з часопису "Популярна механіка" (грудень, 1937) / From a color article in December 1937's "Popular Mechanics".
Ліцензія / License: Creative Commons Attribution 2.0 Generic license. Автор / Author: Todd Ehlers from McGregor, Iowa, a Mississippi River town, U.S. of A.
(http://commons.wikimedia.org/wiki/File:Kitchen_1937.jpg)

Випробування холодильників на заводі у Шарфенштайні, НДР (1959) / Testing refrigerators at a factory in Scharfenstein, GDR (1959)
Ліцензія / License: Creative Commons Attribution-Share Alike 3.0 Germany license. Bundesarchiv, Bild 183-64846-0002 / Schlegel / CC-BY-SA
(http://commons.wikimedia.org/wiki/File:Bundesarchiv_Bild_183-64846-0002,_VEB_DKK_Scharfenstein,_Kühlschrankproduktion.jpg)

Техніка заводу ріжучих інструментів та металевих виробів (м. Клінгенталь) на Осінньому ярмарку в Ляйпцігу 1954 року / Equipment from the Factory of Cutting Instruments and Metal Objects (Klingenthal) at the Autumn Fair in Leipzig, GDR, 1954
Ліцензія / License: Creative Commons Attribution-Share Alike 3.0 Germany license. Deutsche Fotothek
(http://commons.wikimedia.org/wiki/File:Fotothek_df_roeneg_0006708_005_Haushaltsgeräte_des_VEB_Schnittwerkzeuge-u._Metallwarenfabrik_Klingenthal_auf_de.jpg)

У пральні житлового комплексу в Нюрнберзі, НДР (1961) / The laundry room at the residential complex in Nuremberg, GDR (1961)
Ліцензія / License: Creative Commons Attribution-Share Alike 3.0 Germany license. Bundesarchiv, B 145 Bild-F010863-0005 / CC-BY-SA
(http://commons.wikimedia.org/wiki/File:Bundesarchiv_B_145_Bild-F010863-0005,_Nürnberg-Zollhaus,_Neubaugebiet,_Waschhaus.jpg)

Літографія "Домашня пральна машина", США (1869) / Lithograph "Home Washing Machine and Wringer" USA (1869)
У суспільному надбанні / In the public domain
(http://commons.wikimedia.org/wiki/File:Historische_Waschmaschine.jpg)

Діаграма, розроблена урядом США, що показує 7 основних груп харчових продуктів (1943) / USDA nutrition chart showing the "Seven Basic" food groups (1943)

У суспільному надбанні / In the public domain
(http://en.wikipedia.org/wiki/File:USDA_-_Basic_7_Food_Groups.jpg)

Типова шведська кухня 1950-х / Typical Swedish kitchen of the 1950
У суспільному надбанні / In the public domain
(http://sv.wikipedia.org/wiki/Fil:K%C3%B6k_1955.jpg)

Дослідження кухонь у Швеції в 1940-х. / Research on the kitchen in Sweden in the 1940s.
У суспільному надбанні / In the public domain
(http://sv.wikipedia.org/wiki/Fil:Dimensioning_kitchens.jpg)

Франкфуртська кухня / Frankfurt Kitchen
Університет прикладних мистецтв, Відень / University of Applied Arts, Vienna

Кухня об'єднана з вітальнею в помешканні фермера з Айови. США (1941) / Kitchen and living room in the house of a medium-sized farm, Iowa, USA (1941)
У суспільному надбанні / In the public domain
(http://commons.wikimedia.org/wiki/File:Shelby_County,_Iowa._Kitchen_and_living_room_in_the_dwelling_of_a_medium-sized_owner-operated_farm._._._._-_NARA_-_522368.jpg)

Сучасний приклад поєднання кухні та вітальні / A modern example of a combination kitchen and living room
У суспільному надбанні / In the public domain
(http://en.wikipedia.org/wiki/File:Bank_Loft_denver_converted_living_room.JPG)

Григорій Шегаль, Плакат "Геть кухонне рабство!" (1931) / Gregory Shehal, Poster "Down with kitchen slavery!" (1931)
У суспільному надбанні / In the public domain
http://en.wikipedia.org/wiki/File:Kitchen_slavery.jpg

Кухня комунальної квартири у Санкт-Петербурзі, 2006. / Kitchen in communal apartment in St. Petersburg, 2006.
http://www.kommunalka.spb.ru/cfm/photos.cfm?ClipID=456&TourID=102
Віртуальний музей "Комунальна квартира" / The virtual museum "Communal apartment"

Будинки на вул Мориса Тореза у Львові / The buildings on Morris Torez Street in Lviv
Колекція Володимира Румянцева / Collection of Volodymyr Rumyantsev

М. Скоренко – домогосподарка готує обід на газовій плиті, Київ, 1948 / M. Skorenko – housewife prepares dinner at a gas stove, Kyiv 1948)
Колекція Центрального державного кінофотофоноархіву України ім. Г. Пшеничного / Collection of H. S. Pshenychny Central State Cinema, Photo and Phono Archive of Ukraine

Сучасна кухня компанії Poggenpohl/ Modern kitchen by Poggenpohl
http://interiorzine.com/2009/11/19/poggenpohl-kitchens/

Сучасні кулінарні книги / Modern cookbooks
Колаж Ірини Дяк / Collage by Iryna Dyak

ВАННА КІМНАТА: ДЛЯ ЧИСТОТИ – І ЗНОВУ ДЛЯ ЗАДОВОЛЕННЯ / THE BATHROOM: FOR CLEANLINESS – AND ONCE AGAIN FOR PLEASURE _____

Андерс Цорн "Купання перед дзеркалом" (1888) / Anders Zorn. Bath in front of a mirror (1888)
У суспільному надбанні / In the public domain
http://commons.wikimedia.org/wiki/File:Anders_Zorn_-_Le_tub.jpg

Реклама засобів гігієни у французькому часописі L'ILLUSTRATION (1918) / Advertising hygiene in the French magazine L'ILLUSTRATION (1918)
У суспільному надбанні / In the public domain
http://commons.wikimedia.org/wiki/File:Hygi%C3%A8ne_de_la_Bouce_%3D_dentifrices_%3D_Gell%C3%A9_Fr%C3%A8res.jpg

Співачка Джо Стафорд перед дзеркалом. Фото Вільяма Готліба (1946) / Singer Jo Stafford by the mirror. Photo by William P. Gottlieb (1946)
У суспільному надбанні / In the public domain
http://commons.wikimedia.org/wiki/File:Jo_Stafford,_ca._July_1946_(William_P._Gottlieb_08101).jpg

Радянський постер "Іди в баню" (1932) / Soviet poster "Come to the bath" (1932)
У суспільному надбанні / In the public domain
http://www.new-cccp.ru/index.php?option=com_content&task=view&id=1876

Ілюстрація до книги "Харчування школяра", 1961 / Illustration from the book "Nutrition of a pupil", 1961

Столяр мукачівської меблевої фабрики В. Білас у себе в ванні (1957) / Carpenter of Mukachevo furniture factory V. Bilas in his bathroom (1957)
Колекція Центрального державного кінофотофоноархіву України

ім. Г. Пшеничного / Collection of H. S. Pshenychny Central State Cinema, Photo and Phono Archive of Ukraine

Типова ванна кімната 1930-х років, з умивальником та бра у стилі Арт Деко / A typical 1930s bathroom with art deco inspired pedestal sink and wall sconces
Ліцензія / License: Creative Commons Attribution 2.0 Generic license
(http://commons.wikimedia.org/wiki/File:1930s_bathroom.jpg)

Сучасна душова кабіна / Modern shower cabin
(http://www.chinashowerrooms.com/steam-shower-room/)

Комунальна ванна, Санкт-Петербург / The Communal Bath, St. Petersburg
Віртуальний музей "Комунальна квартира" / The virtual museum "Communal apartment"
(http://kommunalka.colgate.edu/cfm/photos.cfm?ClipID=640&TourID=108)

Графік користування ванною кімнатою в комунальній квартирі, Санкт-Петербург (2006) / Schedule of using the bathroom in a communal apartment, St. Petersburg (2006)
Віртуальний музей "Комунальна квартира" / The virtual museum "Communal apartment"
(http://kommunalka.colgate.edu/photo/crw_9788.jpg)

Ванна у США, 1950-ті / Bathroom in the USA, 1950s
http://www.midcenturyhomestyle.com/inside/bathrooms/1950s/gallery/page11.htm

На будівництві. Дрезден (1959) / On building yard. Dresden, 1959
Ліцензія / License: Creative Commons Attribution-Share Alike 3.0 Germany license. Bundesarchiv, Bild 183-65485-0001 / CC-BY-SA
(http://it.wikipedia.org/wiki/File:Bundesarchiv_Bild_183-65485-0001,_Dresden,_Bauarbeiter,_Mittagspause.jpg)

Поштівка з серії "Франція у 2000 році. Пані у своїй ванній кімнаті" (1910) / Paper card "France in 2000 year. Madame at her Toilette" (1910)
У суспільному надбанні / In the public domain
(http://commons.wikimedia.org/wiki/File:France_in_XXI_Century._Toilette_madame.jpg)

Альфред Стевенс. Ванна (1867) / Alfred Stevens. The Bath (1867)
У суспільному надбанні / In the public domain
(http://uk.wikipedia.org/wiki/%D0%A4%D0%B0%D0%B9%D0%BB:Alfred_Stevens_Le_Bain.jpg)

Підставка для ванни / Bathtub caddy
(http://www.shelterness.com/5-cool-bathtub-caddies-for-comfortable-bathing/pictures/3332/)

Сучасна ванна хай-тек / Modern hi-tech bathroom
(http://furniture.trendzona.com/interior-design/hi-tech-style-for-the-modern-man-part-1.html)

СПАЛЬНЯ: ВІД "ОДОМАШНЕННЯ" ДО "ВИЗВОЛЕННЯ" / THE BEDROOM: FROM "DOMESTICATION" TO "LIBERATION"_____

Сер Едвін Лендсіер. Віндзорський замок у новому часі (1841-1845) / Sir Edwin Landseer. Windsor Castle in Modern Times (1840-43)
У суспільному надбанні / In the public domain
(http://commons.wikimedia.org/wiki/File:Windsor_Castle_in_Modern_Times._1841-1845.jpg)

Едгар Дега. Жінка за туалетом (1885) / Edgar Dégas. Woman at her toilet (1885)
У суспільному надбанні / In the public domain
(http://commons.wikimedia.org/wiki/File:Edgar_Germain_Hilaire_Degas_028.jpg)

Едгар Дега. Жінка витирається після ванни (близько. 1890-1895) / Edgar Dégas. After the Bath Woman Drying Herself (circa 1890-1895)
У суспільному надбанні / In the public domain
(http://en.wikipedia.org/wiki/File:Edgar_Germain_Hilaire_Degas_045.jpg)

Фото веранди у госпіталі Уолтера Ріда у Вашингтоні (США) під час епідемії "іспанського грипу" 1918-1919 рр. / Photo of open gallery at Walter Reed Hospital, Washington, D.C., during the great "Spanish Flu" Pandemic of 1918-1919
У суспільному надбанні / In the public domain
(http://commons.wikimedia.org/wiki/File:SpanishFluWardWalterReed.jpg)

Спальня іспанських переселенців у Мексиці у XIX ст. Фото з експозиції у домі-музеї Дієго Рівери у м. Ґуанахуато, Мексика /Bedroom of Spanish immigrants in Mexico in 19 century. Display in the Diego Rivera House in the city of Guanajuato, Mexico
Ліцензія / License: Creative Commons Attribution-Share Alike 3.0 Unported, 2.5 Generic, 2.0 Generic and 1.0 Generic license. Автор / Author: AlejandroLinaresGarcia
(http://commons.wikimedia.org/wiki/File:19BedroomDisplayDRHouseGTO.JPG)

ILLUSTRATIONS

"У спальні Жюлі" – ілюстрація до роману Оноре де Бальзака "Тридцятирічна жінка" (1831) / Illustration of Honoré de Balzac's The Woman of Thirty (1831): In Julie's Bedroom
У суспільному надбанні / In the public domain
(http://commons.wikimedia.org/wiki/File:BalzacWomanThirty02.jpg)

Анрі Жерве. Ролла (1878) / Henri Gervex. Rolla (1878)
У суспільному надбанні / In the public domain
(http://commons.wikimedia.org/wiki/File:Rolla.jpg)

Обкладинка книжки Мері Стоупс "Одружене кохання" (1918) / The cover of Marie Stopes' book "Married Love" (1918)
У суспільному надбанні / In the public domain
(http://en.wikipedia.org/wiki/File:Married_Love_Cover.jpg)

Американські презервативи 1950-х років / An American condom package 1950s
У суспільному надбанні / In the public domain
(http://commons.wikimedia.org/wiki/File:Condom_container_1950.jpg)

Сатирична листівка початку XX ст. "Негідник все ще переслідує її" / Satirical turn-of-the-20th-century postcard. Caption: And the villain still pursues her
У суспільному надбанні / In the public domain
(http://commons.wikimedia.org/wiki/File:VictorianPostcard.jpg)

Інтер'єр спальні США (1909) / Bedroom interior USA (1909)
У суспільному надбанні / In the public domain
(http://en.wikipedia.org/wiki/File:State_Bed_Rooms_D.C.,_U.S.A,_by_J._F._(John_F.),_b._1909.jpg)

Джон Адамс. Марія Тереза фон Мозер-Ебрайхсдорф (1907) / John Quincy Adams. Maria Teresa von Moser-Ebreichsdorf (1907)
У суспільному надбанні / In the public domain
(http://it.wikipedia.org/wiki/File:John_Quincey_Adams_-_Maria_Teresa_von_Moser-Ebreichsdorf.jpg)

Фредерік Альфред Слокомб, "Блукаючі думки", початок XX ст. / Frederick Alfred Slocombe, Wandering thoughts, early XX century
У суспільному надбанні / In the public domain
(http://commons.wikimedia.org/wiki/File:Frederick_Alfred_Slocombe_Wandering_thoughts.jpg)

Жінка з книгою у ліжку. Фото початку XX ст. / Young woman, lying in bed, holding book. Photo circa 1900
У суспільному надбанні / In the public domain
(http://commons.wikimedia.org/wiki/File:Young_woman,_wearing_negligee,_lying_in_bed,_holding_book.jpg)

Сара Джесіка Паркер на прем'єрі фільму "Дивовижний світ" на кінофестивалі Трайбека у 2009 р. / Sarah Jessica Parker at the 2009 Tribeca Film Festival for the premiere of Wonderful World
Ліцензія / License: Creative Commons Attribution 3.0 Unported license. Автор / Author: David Shankbone
(http://commons.wikimedia.org/wiki/File:Sarah_Jessica_Parker_at_the_2009_Tribeca_Film_Festival_2.jpg)

ФАНТАЗІЇ ПРО МАЙБУТНЄ / FANTASIES OF THE FUTURE

"Уявне місто". Інсталяція всередині павільйону "Майбутнього", Експо 2010, Шанхай (Китай) / "Fantasy City" Installation inside the Pavilion of the Future, Expo 2010, Shanghai (China)
Ліцензія / License: Creative Commons Attribution-Share Alike 2.0 Generic license. Автор / Author: Kimon Berlin
(http://commons.wikimedia.org/wiki/File:Fantasy_City,_Expo_2010.jpg)

Павільйон зі скла і металу Пакстона і Фокса у Гайд парку Лондона / Paxton & Fox cast-iron and plate-glass pavilion in London's Hyde Park
У суспільному надбанні / In the public domain.
Автори: Філіп Генрі Деламот, Генрі Негретті, Джозеф Уоррен Замбра
Authors: Philip Henry Delamotte, Negretti and Zambra, 1854
(http://commons.wikimedia.org/wiki/File:Crystal_Palace_Centre_transept_%26_north_tower_from_south_wing.jpg)

Павільйон "Нового часу", який збудував для Паризької виставки архітектор Ле Корбюзьє у 1925 році / Esprit Nouveau Pavilion, constructed by Le Corbusier for the Paris Exposition of 1925
Ліцензія / License: Creative Commons Attribution-Share Alike 3.0 Unported
(http://commons.wikimedia.org/wiki/File:Padiglione_Esprit_Nouveau_-_Bologna,_1977.jpg?uselang=ru)

Плакат Паризької виставки 1925 року, у стилі Арт Деко / Art Deco Poster for the Paris Exposition of 1925
Ліцензія / License: Creative Commons Attribution-Share Alike 3.0 Unported license. Автор / Author: Elee46
(http://commons.wikimedia.org/wiki/File:Expo_Arts_deco_Paris_1925.jpg)

Вигляд світової виставки 1939 року у Нью-Йорку / View of the 1939 World Fair in New York City
©CORBIS

АВТОРИ

AUTHORS

Марія Білян ("Кухня: від місця для жінки до місця для усіх?") – ступінь магістра отримала у Львівському національному університеті ім. І. Франка, філософський факультет, кафедра теорії та історії культури. Тема магістерської роботи "Особливості радянської гендерної ідеології". Сфера наукових зацікавлень: гендерні дослідження (криза маскулінності в модерному суспільстві), візуальна культура, дизайн та розвиток міської культури.

Maria Bilian ("Kitchen: From a Woman's Place to a Place for All?") received her MA from the Department for Cultural History and Theory, Philosophy Faculty of the Ivan Franko National University in Lviv. She defended a thesis on "Aspects of Soviet Gender Ideology." Her academic interests include gender studies (the crisis of masculinity in modern society), visual culture, design, and the development of urban culture.

Гаральд Біндер ("Вступ", "Коридори і додані простори") – доктор філософії (Ph.D.) зі спеціальності історія та економіка Бернського університету (Швейцарія). Дисертацію захистив у 1997 р. Автор монографії "Galizien in Wien. Parteien, Wahlen, Fraktionen und Abgeordnete im Übergang zur Massenpolitik" (Відень, 2005). Незалежний дослідник. Засновник та президент Центру міської історії Центрально-Східної Європи у Львові. Мешкає у Відні. Сфера наукових зацікавлень – історія Галичини, історія засобів масової інформації та публічної сфери, а також - міська історія.

Harald Binder ("Introduction", "Hallways and Added Spaces") holds a Ph.D. in History and Economics from the University of Bern (Switzerland). He defended his thesis in 1997. Binder is the author of *Galizien in Wien. Parteien, Wählen, Fraktionen und Abgeordnete im Übergang zur Massenpolitik* (Vienna, 2005). He is an independent researcher, as well as the founder and President of the Center for Urban History of East Central Europe in Lviv. Harald Binder lives in Vienna, and his academic interests include Galician history, the history of the media and the public sphere, as well as urban history.

Андрій Бондаренко ("Політика і житло", "Спальня: від "одомашнення" до "визволення") – доктор філософії (Ph.D.) зі спеціальності філософія (Університет Марії Кюрі-Склодовської у Любліні). Тема дисертації "Соціальна свобода та глобалізація". Ступені магістра та спеціаліста отримав у Львівському національному університеті ім. І. Франка. У Центрі міської історії працює над проектом "Пошуки дому" у повоєнному Львові. Досвід Підзамче, 1944-1960". Сфера наукових зацікавлень – соціальна історія житла, повоєнна історія Львова, культурна географія, міська повсякденність, практики пам'яті.

Andrii Bondarenko ("Politics of Housing", "The Bedroom: From "Domestication" to "Liberation") holds a Ph.D. in Philosophy (Marie Curie-Skłodowska University, Lublin). He defended a thesis on "Social Freedom and Globalization." He received his Master's and Spetsialist degrees from the Ivan Franko National University in Lviv. At the Center for Urban History, Bondarenko is responsible for "The Search for Home in Postwar Lviv. The Experience of Pidzamche, 1944-1960" project. His academic interests include the social history of housing, the postwar history of Lviv, cultural geography, urban everyday life, and the practices of memory.

Софія Дяк ("Політика і житло", "Кухня: від місця для жінки до місця для усіх?", "Ванна кімната: для чистоти – і знову для задоволення") - доктор філософії (Ph.D.) зі спеціальності соціологія (Інститут філософії та соціології Польської академії наук). Тема дисертації "(Пере)Уявлений простір: Львів і Вроцлав після 1944/45 рр." З 2008 працює, а з 2010 року очолює Центр міської історії у Львові. Наукові зацікавлення: повоєнна історія міст пограниччя, історична спадщина та міста у Радянському Союзі, формування міських міфів та брендів міст, а також соціальна історія сфери послуг і зміна уявлень про працю у 20 столітті.

Sofia Dyak ("Politics of Housing", "Kitchen: From a Woman's Place to a Place for All?," "Bathroom: for cleanliness, and again for pleasure") holds a Ph.D. in Sociology from the Institute for Philosophy and Sociology, Polish Academy of Sciences. She defended her thesis on "(Re)Imagined Space: Lviv and Wroclaw after 1944/45." From 2008 onwards she has worked at the Center for Urban History, becoming its Director in 2010. Her academic interests include the postwar history of borderland cities, historical heritage and cities in the Soviet Union, the formation of urban myths and city brands, as well as the social history of the services sphere, and changes in attitudes to work in the twentieth century.

Мар'яна Куземська ("Дизайн для дому") – магістрантка Українського католицького університету (спеціальність "історія"), студентка програми Studium Europy Wschodniej при Варшавському університеті. Навчалась на програмі МІГуС (Львів, 2003-2007). Сфера наукових зацікавлень – урбаністика, соціологія архітектури, історія повсякдення.

Mariana Kuzemska ("Home Design") holds an MA in History from the Ukrainian Catholic University, and is a student of the Eastern Europe Studies Program at the Warsaw University. She was a student of the International Interdisciplinary Study Program (MIHuS) Program (Lviv, 2003-2007). Her academic interest include urban studies, sociology of architecture, and the history of the everyday.

Ірина Мацевко ("Політика і житло") – історик, кандидат історичних наук, викладала на кафедрі історії слов'янських країн історичного факультету Львівського національного університету ім. І. Франка (2001-2007 рр.) З 2008 року академічний координатор Центру міської історії. Викладає в Українському католицькому університеті. Сфера наукових зацікавлень – соціальна історія Радянської Росії, України, історія повсякденності.

Iryna Matsevko ("Politics of Housing") holds a Ph. D. in History. She has taught at the Department for Slavic History, History Faculty of the Ivan Franko National University in Lviv (2001-2007). From 2008 onwards she has been the Academic Coordinator of the Center for Urban History. She teaches at the Ukrainian Catholic University, and her academic interests include the social history of Soviet Russia, Ukraine, and the history of the everyday.

Лада Москалець ("Ванна кімната: для чистоти – і знову для задоволення") – магістр історії, здобувач при докторській школі Києво-Могилянської академії, стипендіатка програми "Людмер". Тема дисертації "Трансформація єврейських бізнесменів Дрогобича та Борислава у другій половині XIX ст.". Ступінь магістра отримала в Українському католицькому університеті. Наукові зацікавлення: історія євреїв у Центрально-Східній Європі, їдишезнавство, історія тілесності, повсякденне життя.

Lada Moskalets ("The Bathroom: for Cleanliness – and once again for Pleasure") holds an MA in History. She is a doctoral student at the Kyiv Mohyla Academy, and recipient of the Ludmer program scholarship. Her thesis titled "The Transformation of Jewish Businessmen of Drohobycz and Boryslav in the Second Half of the Nineteenth Century." She received her MA from the Ukrainian Catholic University. Her academic interests include the history of East-Central European Jewry, Yiddish studies, the history of the body, and everyday life.

АВТОРИ

AUTHORS

Наталя Отріщенко ("Політика і житло") – магістр соціології, випускниця історичного факультету Львівського національного університету ім. І. Франка, аспірантка Інституту соціології Національної академії наук України. Навчалась у Berea College (США), IEDC-Bled School of Management (Словенія) та Варшавському університеті (Польща). Сфера наукових зацікавлень: методологія і методи соціологічних досліджень, соціологія релігії, соціологія міста, соціологія повсякдення, гендерні студії.

Natalia Otrishchenko ("Politics of Housing") holds an MA in Sociology. She has graduated from the history department at the Ivan Franko National University in Lviv, and is a doctoral student at the Institute for Sociology, National Academy of Sciences of Ukraine. She has studied at Berea Colllege (USA), IEDC-Bled School of Management (Slovenia), and Warsaw University (Poland). Her academic interests include: methodology and methods of sociological research, the sociology of religion, urban sociology, sociology of the everyday, and gender studies.

Василь Расевич ("Вітальня: чия кімната?", "Коридори і додані простори") – історик, кандидат історичних наук (1995). Викладав нову та новітню історію на історичному факультеті Львівського національного університету ім. І. Франка, а зараз - в Українському католицькому університеті. Старший науковий співробітник Інституту українознавства ім. І.Крип'якевича НАН України та шеф-редактор Інтернет-видання Zaxid.net. Окрім наукових публікацій пише есеї та веде блог. Наукові зацікавлення: історія Галичини зламу 19-20 століття, секуляризація та національні рухи, історія Першої світової війни у Галичині, політика історичної пам'яті у сучасній Україні.

Vasyl Rasevych ("The Living Room: Whose Room?", "Hallways and Added Spaces") holds a Ph.D. in History (1995). He has taught Modern and Contemporary History at the Ivan Franko National University in Lviv. He is Senior Researcher at the Ivan Krypiakevych Institute for Ukrainian Studies at the National Academy of Sciences of Ukraine, editor-in-chief of the ZAXID.NET online publication, as well as a writer, blogger, and columnist. His academic interests include: history of Galicia at the turn of the twentieth century, secularization and national movements, the history of the First World War, politics of memory and the politics of history in contemporary Ukraine.

Богдан Шумилович ("Фантазії про майбутнє," "Коридори і додані простори") – мистецтвознавець, культуролог, історик, куратор. Викладав культурологію та візуальні студії у Львівському національному університеті ім. І. Франка, а зараз в Українському католицькому університеті, читає лекції як в Україні так і за кордоном. Стипендіат кількох грантових програм, працював у візуальних архівах Вашингтону (архів факультету візуальних мистецтв університету ім. Дж. Вашингтона) та Будапешта (архів Інституту відкритого суспільства). Зацікавлення: історія медіа та медіа-історіографія, медіа-мистецтво, міські творчі спільноти, використання креативних підходів для покращення життя у містах.

Bohdan Shumylovych ("Fantasies of the Future," "Hallways and Added Spaces") is an art historian, cultural anthropologist, historian, and curator. He has taught culture studies and visual studies at the Ivan Franko National University in Lviv, and currently teaches these disciplines at the Ukrainian Catholic University. He gives lectures in Ukraine and abroad. Shumylovych was the recipient of several scholarships and grants, and has worked in visual archives in Washington, D. C. (Archive of the Visual Arts Department at the George Washington University), and Budapest (Archive of the Open Society Institute). His interests include the history of the media and media historiography, media art, creative urban communities, and the use of creative approaches to improve life in the cities.

Редактор / Editor:

Софія Дяк / Sofia Dyak

Куратор виставки / Exhibition Curator:

Андрій Лінік / Andrii Linik

Координація публікації / Publishing Coordination:

Мар'яна Куземська / Mariana Kuzemska

Дизайн / Design:

Ірина Дяк / Iryna Dyak

Дизайн виставки / Exhibition Design:

Андрій Лінік / Andrii Linik
Вікторія Фединець / Viktoriya Fedynets

Редагування і переклад:

Павло Грицак, Юлія Павлишин, Наталка Римська, Соломія Онуфрів, Мейхіл Фовлер, Тарас Шмігер

Editing and Translation:

Mayhill Fowler, Pavlo Hrytsak, Solomiya Onufriv, Yulia Pavlyshyn, Natalka Rymska, Taras Shmiher

Подяка:

Галина Боднар, Христина Бойко, Олег Болюк Андрій Бояров, Василина Буряник, Антон Вербіцький, Юлія Гілевич, Назарій Горбаль, Ігор Добрянський, Юрій Драницький, Надія Дрожжина, Олег Кошовський, Олександр Кошовський, Юрій Кривак, Іван Левченко, Герберт Пастерк, Микола Піпко, Володимир Проців, Андрій Сендецький, Дарій Сольський, Іван Сольський, Данило Сиротинський, Зоряна Слюсарчук, Юрій Сушко, Сергій Терещенко, Олена Турянська, Олексій Хорошко

Special Thanks to:

Halyna Bodnar, Khrystyna Boiko, Oleh Boliuk, Andrii Boyarov, Vasylyna Burianyk, Ihor Dobrianskyi, Yurii Dranytskyi, Nadiya Drozhzhyna, Yulia Hilevych, Nazarii Horbal, Olekisii Khoroshko, Oleh Koshovskyi, Yurii Kryvak, Ivan Levchenko, Herbert Pasterk, Mykola Pipko, Volodymyr Protsiv, Andrii Sendetskyi, Darii Solskiy, Ivan Solskiy, Danylo Syrotynskyi, Zoriana Sliusarchuk, Yurii Sushko, Serhii Tereshchenko, Olena Turianska, Anton Verbitskyi

УДК 304.2(06)

Видання / Published by:
© Центру міської історії Центрально-Східної Європи
© The Center for Urban History of East Central Europe
Львів, 2012 / Lviv, 2012

Видання здійснене за підтримки Фундації Erste
This publication was made possible with the support of the Erste Foundation

Видавець ФОП Шумилович Б. М.
Свідоцтво суб'єкта видавничої справи:
ДК No. 3884 від 23.09.2010

Здано до складання: 14 лютого 2012 р.
Підписано до друку: 6 грудня 2012 р.
Папір крейдований, друк офсетний,
формат 70х100/12
ум. друк. арк. 23,4
Тираж 1000 прим.

Надруковано на ПП «**Р.К. Майстер-принт**», друкарня «**Huss**»
вул. Шахтарська, 5, м. Київ, 04074.
Свідоцтво суб'єкта видавничої справи ДК № 3165 від 14.04.08р.
тел. 430-15-49, 430-34-22
www.huss.com.ua
E-mail:info@huss.com.ua

ISBN 978-966-97142-0-6